仕事の質を劇的に変える

「ひらめき」と「直感力」を鍛える本

Taito Morita

森田 泰斗

同文舘出版

まえがき

■「知恵」の時代には「ひらめき・直感」が勝負を分ける

だれもが日々の生活や仕事の中で、「ひらめき」や「直感」の存在を感じた経験が少なからずあるのではないでしょうか。

たとえば、運命的な出会いや異性との恋、仕事上の大きな契約、進学や留学といった人生の岐路に立ったときなどです。さまざま情報を集め、それらをもとに判断を下す人もいれば、そうした情報には頼らずに、自分の「ひらめき・直感」で決断する人もいます。

また、同じ人でも、そのときの状況によって、いろいろな情報をもとに判断したり、「ひらめき・直感」で決断するなど、対応が分かれることもあります。

現在では、大半の職場や家庭にパソコンが普及し、個人でもスマートフォンをはじめとした携帯電話やタブレット端末などで、インターネットが手軽に使えるようになりました。私自身も「ｉＰｈｏｎｅ」や「ｉＰａｄ」をはじめ、クラウドコンピューティングで書類や写真などを管理するなど、パソコンなしの生活は考えられない毎日です。

そして、たとえば「Ｇｏｏｇｌｅ」など、インターネット上の検索サイトでわからない言葉を検索すれば、瞬時にありとあらゆる情報を手に入れることができます。かつては、こうした情報や知識を手に入れるためには、長い時間をかけなければなりませんでしたが、「知識」についてはだれもが簡単に手に入れられる時代になったのです。

こうしたことから、現在は仕事上でも日常生活上でも、どれだけ「知識」を持っているかでは大きな差はつかず、どれだけ「知恵」を持っているかがますます重要になっています。**「知識」ではなく「知恵」の時代**になっていると言えます。

このことは、私たちが何らかの判断や決断を行なう際も同様です。端的に言って、**「論理思考」はだれもが得ることができるもの**です。そのため、論理思考で何かをしようと思えば、多くの人が同じような材料＝知識をもとに、同じような思考の道筋をたどって、同じような結論にたどりつくことになります。

一方、**「ひらめき・直感」は「知恵」に結びつくもの**です。もちろん、単なる思いつきではなく、他の人が思いつかないようなアイデアを新たに生み出し、それを蓄積することで、さらに「ひらめき・直感」の力を高めていくことができます。

このため、「ひらめき・直感」を身につけることで、あなたには次のような変化が生まれます。

「アイデアを求められても、困らなくなる」
「オリジナルの独創的なアイデアで、周囲と差別化ができるようになる」
「迷いや不安がなくなり、正しい判断ができるようになる」

また、「ひらめき・直感」を仕事や日常生活に活かしていくことで、**楽しくワクワク生きることができるようになります。**

「ひらめき・直感」は人間が活かすべき新しい能力であり、そうした能力を活かすことは、これからのわれわれの生き方にとってとても大切なことです。

皆さんの中には、仕事や人生でうまくいかないことが多く、これまでの自分を変えたいと思っている人もいることでしょう。あるいは、いろいろなことがある程度はうまくいっているけれど、自分を変えることで、もっとうまくやれるはずだと感じている人もいるでしょう。しかしそういう人の多くは、**変わりたいのに変われない状況に陥っている**ように感じます。

理由は、無意識＝潜在意識で自分にストップをかけていること。多くの人は、「いまの状態がいい！」という無意識の心理が働き、現状を変えることに憶病になっているのです。口では「変わりたい！」と言っていても、心のどこかで「変わりたくない」というブレーキがかかって、行動に移すことができないのです。

進化論のチャールズ・ダーウィンは、「強いものが生き残ったわけではない。賢いものが生き残ったわけでもない。唯一生き残ったのは、変化できたものである」と言っています。

現在の仕事や日常生活を変えていくための第一歩として、「ひらめき・直感」を身につけ、それを活用することは大きな意味を持ちます。

■「ひらめき・直感」の力を信じてトレーニングする

さて、「ひらめき」や「直感」は、特別な人が特別な訓練を長年受けて身につけるものではなく、私たちが話したり歩いたり笑ったりすることと同じように、だれもが本来持っている能力です。

しかし、面倒くさいから歩かないとか、話さないという人の能力が向上しないのと同様に、「ひらめき・直感」を大切なモノと考えず、自ら求めたいと思わなければ、ただの「思いつき」レベルで終わってしまいます。

ですから、「ひらめき・直感」の本来の力を身につけたいと本書を手に取られた方は、まず第一に「ひらめき・直感」の持つ力を信頼し、「必ずひらめき・直感を身につけるぞ！」と強く思ってほしいのです。

本書では、だれもがその存在を認める「ひらめき・直感」を、仕事や日常生活でもっと活用し、楽しくワクワク暮らしていくために、だれにでもできるトレーニング方法をお伝えします。

それが皆さんの身につくかどうかは、それらのトレーニングを信頼して、素直に実行に移せるかにかかっています。

世の中には、さまざまなビジネス書や啓発本、セミナー、講演などがありますが、それを読んだり聞いたりして「いい」と思ったら、それを疑念を持たずに受け入れることができるか、さらにそれを実際に行動に移すかどうか、が重要です。

「素直」でなければ、「いいこと」を受け入れて実行することはできません。**結局、素直に実行した人だけが成功しているのです。**

私は脳科学者でもなければ、脳神経外科の医師でもありませんが、本書に書いたことは、実際に私が仕事や日常生活を通して経験したり感じてきたことです。

だれにでも実行できる「ひらめき・直感」トレーニングも、それを実行しなければ何も変えることはできません。本書を手に取っていただいた皆さんには、素直に実行に移して、「ひらめき・直感」を身につけることで、新しい自分を見つけて、自分らしく心豊かに、仕事も人生も楽しんでいただきたいと願っています。

2012年7月

森田　泰斗

仕事の質を劇的に変える「ひらめき」と「直感力」を鍛える本

PART1 理論編

1章 論理思考だけの時代は終わった!?

2章 なぜ、「ひらめき・直感」が必要なのか？

3章 「ひらめき・直感」を自分のモノにする

PART2 実践編

4章……「ひらめき・直感」を活かすには

5章 仕事の現場で「ひらめき・直感」を活かす

6章……だれにでもできる「ひらめき・直感」トレーニング集

「ひらめき・直感」の力はトレーニングで伸ばせる

7章　「ひらめき・直感」をより使いこなすために

カバーデザイン◉齋藤　稔
本文DTP◉エムツーデザイン

PART 1 理論編

1章

論理思考だけの時代は終わった!?

1 「ひらめき・直感」の重要性が増している

■「ひらめき・直感」が新しい展開を生んだ

いつものように朝起きて、ベッドの中でしばらくボーっとしていたとき、ある言葉がポンッと頭に浮かんできました。

数時間後。メモしておいたものの、よくわからないその言葉の意味を考えながら眺めていると、「あっ、これだ！　ボクが必要だったのは！」と、頭の中で何かがつながったのです。

これは、その当時、「私のビジネスの中で何か新しい流れがほしい。でも、それが何かわからない」という悩みを抱え込んでいたときのできごとです。そして、ふっと湧き出てきたその「言葉」が、その後の仕事にものすごく大きな影響を与えるアイデアにつながった瞬間だったのです。

「ひらめき・直感」というのは、単なる思いつきではなく、ほぼ確実に良質なアイデアにつながるものです。

ちなみに、この「言葉」による「ひらめき」は、学習塾中心の経営から、まったく実績や経験のない、幼児児童スクールの経営に進出するきっかけになった「ひらめき」でした（詳細は後章で）。

本書を手に取っていただいた皆さんにも、同じような体験をされた方がいらっしゃるのではないでしょうか？　このときの私のように、単なる思いつきにとどまらず良質なアイデアにつながるものこそが、「ひらめき・直感」の本質です。

私は大学卒業後、システムエンジニアとして大手コンピュータ商社に入社し、金融機関（銀行や信用金庫など）の窓口オンラインシステムの開発に携わりました。そして、その後は大好きだった絵画の世界に入り、美術商として独立。企画展の開催や海外作家の来日プロモーション、また画廊での美術品の営業販売をしてきました。

また、教育にも関心があったため、父から個人塾である学習塾を譲り受け、現在はあらゆる年齢層に対応できる業態の教育業（学習塾、各種幼児児童スクール、シニア特化型パソコンスクールなど）の経営に携わってきました。

システムエンジニア時代には、お客さまが金融機関ということもあり、まさしく数字的論理思考の毎日でした。そういった仕事の中でも、より使いやすいオンラインシステムをつくり上げていくためには、従来のシステムにはない、新しい独創的な提案をしていかなければなりませんでした。

膨大なデータと毎晩遅くまで格闘しながら、論理的にどういったシステムが最適なのかを考え続けていました。今思い返しても、頭の中がショートして煙が出そうなほどでした。

独立して美術商になってから、私の「思考」が大きく変わってきました。ひと言で言うと「論理思考」が頭を占める割合と、「ひらめき・直感思考」が頭を占める割合がしだいに逆転しはじめていったのです。

美術商という仕事は、目の前にある「絵画」などの美術品の価値を、「ひらめき・直感」で判断し、売買しなければならない仕事です。まず、「この絵は、いい（悪い）！」と、理由は後づけで直感的に判断しなければなりません。論理的数字的に考えていても、答えが出る世界ではありませんでした。その一方で、美術業界の時流やマーケティングのことも考え、企画展や販売戦略を考えていく必要がありました。

教育業の経営では、生徒たちの成績を伸ばすやり方や、子どもたちが将来社会に役立つ人材になるためにはどうすべきかなどに知恵を絞る一方で、集客のためのマーケティング戦術や少子化という時流に対する戦略など、論理思考とともに他にはない独自のアイデア・発想による経営をしてきました。

■「ひらめき・直感」は、人間が活かすべき新しい能力

こうした、私自身の20年にわたる仕事や経験を通して、皆さんに強くお伝えしたいことがあります。それは、今そしてこれからの時代には、論理的な思考のみならず、「ひらめき・直感」が必要だということです。

論理的マーケティング思考では、枠にはまった平凡なアイデアしか生まれません。そうした論理思考による可もなく不可もない平均点の発想だけでは、課題を解決する力は非常に低いと言っていいでしょう。

論理的マーケティング思考は、だれでもできてしまうため、他の人との差異がないとも言えます。数字データの分析をしたり、理詰めで物事を考えていくという能力は、

やる気さえあれば、容易に身につけることができるからです。

現在の混沌としたビジネス界に必要とされているのは、**新しい意外性のあるアイデア・発想**です。自分の職場で、そうした新しい創造力が要求されているのに、それにうまく応えることができない、という方もいらっしゃるのではないでしょうか？

一方、論理思考の対極にある「ひらめき・直感」を身につけると、アイデアに困らなくなります。「ひらめき・直感」は、その人の潜在意識から生み出されます。そのため、他の人の発想にはないその人オリジナルの独創的なアイデアとなり、他の人との差別化ができます。

また、「ひらめき・直感」を身につけ、それを大切なモノと意識することで、迷いや不安がなくなり、正しい判断ができるようになります。

自ずと自分の仕事に、ポジティブに楽しく向き合うことができるようになり、プラスの連鎖が生まれてきます。

そして、個人だけではなく、これからの21世紀の人間の姿として大きくとらえると、私は「ひらめき・直感」は、人間の活かすべき新しい能力ではないかと確信しています。

「ひらめき・直感」を身につけることは、だれでも可能ですが、実際にそれを大切に考え、積極的に身につけようとか、仕事や日常に活かそうとしている人は少ないようです。

「ビジネスで成功！」「毎日の生活を思いどおりに過ごす！」、そういった夢を実現するためにも、「ひらめき・直感」は役立ちます。

私たちは、仕事をはじめ世の中のあらゆることについて、「常識」にとらわれて過ごしてきています。常識は、だれにでもわかりやすい論理思考です。しかし、その対極である、**「ひらめき・直感」を通して仕事や世の中を見られるようになれば、それまで見えなかったものがきっと見えてくる**はずです。

ひらめき・直感は、単なる思いつきや、偶然舞い降りてきた神様のプレゼントなどではありません。

本書では、論理思考から脱却し、「ひらめき・直感」を身につけていただけるよう、そのトレーニング法を交え、「ひらめき・直感」について解説します。

2 論理思考だけの結論はどれも同じ

■論理思考だけでは差がつかない時代になった

皆さんも、書店のビジネス書コーナーにはよく立ち寄られるのではないでしょうか。ビジネス書には時流を反映したものが多く、そのコーナーをざっと見渡してみると、今の世の中では、どのようなことに関心が持たれているのかなどがわかります。

欧米型のマーケティング思考を紹介する翻訳書や、それに関連するビジネス書も数多く出版され、仕事に関わる多くの方々が、論理思考やマーケティングの関連書を読まれた経験があると思います。私自身、そういったビジネス書を数多く読ませていただきました。

また近頃、コンサルタントの活躍ぶりをよく耳にします。こうした仕事にも、さまざまな事象を分析して論理的に問題解決していくという、論理思考が役立てられています。

このように、論理思考的ビジネス書の多さや、コンサルティングの仕事について耳にすることの多さは、それだけ私たちの周りもそうしたものを求め、それらに基づいて行動している方も多いということではないでしょうか。

つまり、**論理思考は、やる気さえあればだれでも容易に使える**状況になっているのです。

簡単に手に入れて活用できる、たくさんのビジネス書やコンサルティングによって、だれでも論理思考が使えてしまうということは、ある一定のレベルまで自分のビジネスパワーを引き上げるのに、とても便利な世の中になったと感じます。そして、これを使わない手はない、と私自身強く思っています。

ところが逆の見方をすると、他の会社、他のビジネスパーソンと同じことをやっているということであり、そこには差異は感じられなくなっているということです。だからこそ、そこにプラスアルファが必要なのです。

実際に、私が経営している学習塾の業界でも、その割合に違いはあるものの、どこも同じような「考え方ややり方」（論理思考）によって物事が進められ、差別化ができていない時期がありました。自塾ならではのオリジナル性を出すということは、新しいことを創造することでもありますから、ここでは「ひらめき」が必要になってきます。

弊社の学習塾は、「勉強だけがすべてではない！」がモットーです。学習塾がそう言ってしまうのは、ちょっと……と思われるかもしれませんが、将来役に立つ人材育成のためには、決して勉強だけではないという確信と、そのための新しい考え方ややり方があるからです。

長年教育業に携わり、１０００名を超える生徒たちと関わってきた経験から、たくさんのことを学ばせていただきました。学習塾ですから、学校の成績を上げることが求められているのはたしかです。しかし、塾を卒業して社会人になった教え子たちを見ていると、子どもたちに必要なのは成績＝勉強だけではなく、この時期だからこそ身につけることができるものもたくさんあることがわかります。

整理・整頓・しつけ・感謝・謙虚・プラス思考など、いずれも、スポンジのように吸収できるこの時期にこそ身につけやすく、将来、必ずそれぞれの生徒の人生にプラスになる大切なものです。

これらを、塾が「勉強プラスアルファ」として、どのように身につけさせるかという考え方、やり方に気づかせてくれたのも、「ひらめき・直感」思考なのです。

■「ひらめき・直感」でオリジナルのアイデアを得る

新しい考え方ややり方を導入する前の社内ミーティングでは、どこの学習塾でも行なわれているように、「教務」に関する内容がほとんどでした。「数学の一次関数のグラフの書き方だけど、ここはどうすればわかりやすくなる?」「中3英語の関係代名詞のポイントは、これでいいかな?」など。

これらはたしかに必要なことですが、多くのことを吸収できる子どもたちに影響を与える現場にいるのですから、学習内容などの短期的なことよりも、もっと他に何か私たちの塾だからこそできることはないか?　と考えていました。

ここで、「ひらめき・直感」によって生まれたのが、「もっと長期的に、将来、社会で役立つ人材になるためには、今の時期に勉強以外に何を身につけておかなければならないか?」という発想でした。

「自分で考えさせる仕組み→進捗管理シート」「書く・書かれるという振り返り習慣→学習日誌」「あいさつ・しつけの大切さ→心をきれいに」など、具体的にどんどん他塾にはないオリジナルアイデアが生まれました。

ごく普通のことのようですが、いかにしてテストの点を上げるかという考え方が中心の学習塾業界では、かなり「オリジナル」なことなのです。これも、横並びの論理思考だけでは、思いつかなかったことのひとつです。

これからは、人とは違ったアイデアをビジネスに活かす方法がますます大切になってくると感じています。

「ひらめき・直感」は、各個人のオリジナルのものです。「ひらめき・直感」を身につけることは、論理思考を身につけることと同様に、だれでもできることなのですが、そこから生み出されるものは、論理思考から生み出されるもののように、ほぼ同じ結果ということにはなりません。

「ひらめき・直感」から生み出されるアイデアは、その人だからこそ生み出すことができるオリジナルなものなのです。

3 良質なアイデアは偶発的に生まれることが多い

■論理的理詰め思考から脱却を

新しい企画や、部内会議での提案、新事業のプロジェクトなど、新しいことを創出するアイデアが必要とされる場面は、私たちの周りに数多くあります。

また、いくつかに絞られた企画案の中からひとつに決定するとき、接客しながらお客さまの真のニーズがどこにあるかを感じ取るとき、初対面の人とこれから一緒に仕事をしてもいいか迷っているときなど、自分はどうすべきかを、短い時間で判断しなければならないケースも、仕事の現場ではよくあることです。

ビジネス上の立場が上がるほど、同時並行的に多くの案件を抱え、即時に新しいアイデアや判断が求められることも多くなると言えるでしょう。

こんな際に「ひらめき」があれば、良質なアイデアを生み出すことができるし、「直

うか？

では、そのような「ひらめき・直感」は、どんなときに浮かぶことが多いのでしょうか？

私がシステムエンジニアだった頃、銀行窓口での通帳の記入と入出金のタイミングロジックの問題で、解決しなければならないアイデアが必要でした。数日間の猶予の中で、今までの事例を洗い出し、それぞれを論理的に分析するということを、ずっと理詰めで考え抜きました。

しかし、なかなかそのアイデアは浮かんできませんでした。

「全然、ひらめかない！　もう、ダメだ……」

へとへとに疲れはてて深夜に自宅に帰り、風呂の中でうっかり寝てしまった瞬間、「あっ、こうすればいいんだ！」というアイデアが浮かびました。

さっそくメモに書き留めて、翌日の夜に問題は解決したという経験があります。

また、美術商のときには、こんなことがありました。

東京での交換会（美術商がお互いに在庫作品を持ち寄り、定期的に作品を交換売買する会）で、地元の豊橋（愛知県）にゆかりのある著名画家の若書きの作品が出品されていました。ひと目見て、「この作品は買いだ！」と思いました。

しかし、この作品を市場価値と照らし合わせたり、今後の価格変動はどうなのかなど、あれこれと考えているうちに、他の美術商にその作品を買われてしまい、とても悔しい思いをしたのです。

これらは、「ひらめき」をうまく使って仕事に応用できた例と、「ひらめき」を逃して失敗した例です。その当時は、まだ「ひらめき・直感」を今ほど意識していないときでもあり、それと気づかないことも多かったと感じています。


さて、これらの成功例・失敗例を振り返ってみると、論理的に考えるということ自体は、決してムダではなかったと思います。

しかし、システムエンジニアとしては結局、アイデアが浮かんだのが、考え続けていたそのときではなく、そういった思考から離れた風呂の中。一方、美術商としては、いろいろと考えて悩み続けたものの、結果としてタイミングを失して後悔……では仕方がありません。

とくに前者のような「ひらめき」＝良質なアイデアは、がんばって努力して論理的に考えているときよりも、**何気ない偶発的なことから、ポンッと浮かぶことが多い**のです。

つまりポイントとしては、思い、悩んで一所懸命努力していても、必ずしもそこから、よいアイデアが浮かぶとは限らないということです。

そして、**意識的に論理的理詰め思考から逃れることが、「ひらめき」につながりやすい**ということなのです。

■「ひらめき」と「思いつき」は違う

ここで注意しておきたいことが、「ひらめき」と「思いつき」の違いです。単なる言葉の違いだけでなく、その意味を理解しておかないと、「ひらめき」を自分自身でうまく活用できなくなってしまいます。

「思いつき」は、本当に単なる偶然から飛び出てきたもので、それがアイデアに結びつく良質なモノである保証はありません。一方、「ひらめき」は一見、同じように偶然飛び出てきたように思われますが、その過程が違うものなのです。

そして、「ひらめき」はほぼ間違いなく良質なアイデアになります。その過程と「思いつき」との違いについては後の章でくわしくお伝えしますが、「ひらめき」が出てくるための第一歩としては、まず日頃からトレーニングをしておくことが大切です。

これは、先ほどの話のように、その案件を目の前にして、一所懸命、頭が沸騰するくらい考え続けるというのとは違って、もっと日常的なものです。

たとえば、野球のピッチングもそうですが、毎日コツコツ投げる練習をしていれば、当然ストライクを取れる確率も高くなります。ところが、たまに投げるだけ、それも試合があってはじめて投げるのでは、なかなかストライクを取ることができません。

毎日、何かしらの「ひらめき・直感」トレーニングをしていると、そのための道筋ができ上がります。したがって、ストライクを取ることと同じように、良質なアイデアがひらめく確率も高くなるのです。

簡単チェック❶

あなたは「直感派」？　それとも「論理派」？

それではここで、読者の皆さんは実際にどのくらいひらめきやすいのか、チェックしてみましょう。

一般的に「右脳」は、イメージや想像力、創造性、直感やひらめきを司っていて、ものごとを並列処理（同時に処理）でき、潜在意識による影響を受けやすいとされています。

また「左脳」は、話し言葉や書き言葉などの言語認識、論理的思考、科学的思考や推論、計算などを司り、ものごとを直列処理（一つひとつ段階的な処理）しかできず、顕在意識による影響が大きいと言われています。

そこでまず、**あなたが「直感派」なのか「論理派」なのかを簡単チェックしてみましょう。**

最初に、手を組んでみてください（Q1）。

右手と左手の親指の、どちらが上になりましたか？

左手の親指が上になった型は「A」、反対に右手の親指が上になった方は「B」です。

今度は、両方の腕を組んでみてください（Q2）。

右腕と左腕の、どちらが上になりましたか？

A

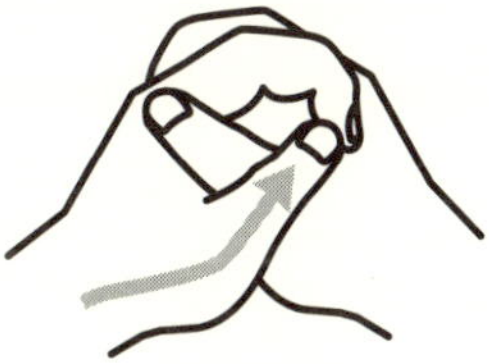

B

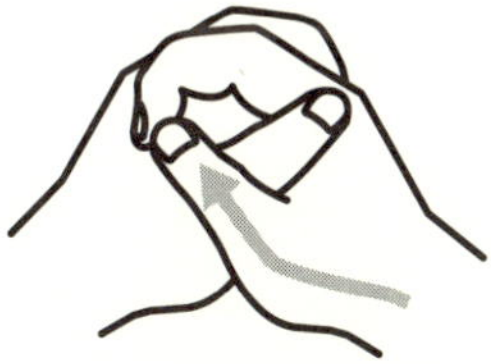

Q1

左の図のように手を組んでみて、左手の親指が上 **A**、親指が下 **B** なのかを調べてみましょう

A

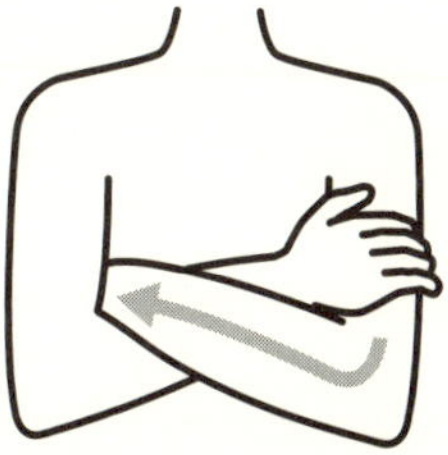

B

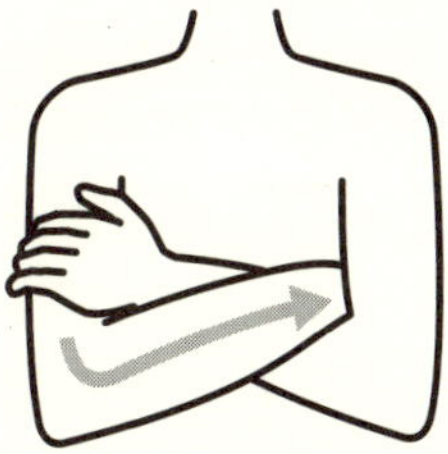

Q2

また、同様に腕を組み、左腕が上 **A**、左腕が下 **B** なのかを調べてみましょう

Q1 はインプットのタイプ

自分に入ってくる情報を、どのように理解するタイプなのかがわかります

Q2 はアウトプットのタイプ

自分の考えや行動などを、どのように相手に対して表すタイプなのかがわかります

Q1➡A は、

物事を感覚的にとらえる右脳派。図や絵などのイメージからのほうが理解しやすい

Q1➡B は、

論理的にとらえる左脳派。数字などとともに論理的に説明されるほうが理解しやすい

Q2➡A は、

直感的説明をするタイプ。説明に擬音が多く、人に理解してもらえないことも少なくない

Q2➡B は、

論理的に説明するタイプ。客観的にわかりやすく説明するため、相手の理解も得やすい

	Q1 が A	Q1 が B
Q2 が A	インプット⇨右脳 アウトプット⇨右脳	インプット⇨左脳 アウトプット⇨右脳
Q2 が B	インプット⇨右脳 アウトプット⇨左脳	インプット⇨左脳 アウトプット⇨左脳

左腕が上になった方は「A」、逆に右腕が上になった方は「B」です。

Q1は、自分に入ってくる情報をどのように理解するのか、「インプットのタイプ」を判定します。

つまり、自分が外部からの情報などを理解するとき、直感的に感じて理解するタイプ（「A」とした方＝右脳派）なのか、または論理的に理解するタイプ（「B」とした方＝左脳派）なのかがわかります。

Q2は、自分の考えや行動などをどのように相手に対して表わすのか、「アウトプットのタイプ」を判定します。

自分が理解している情報を相手に伝えるとき、直感的イメージを伝えるタイプ（「A」とした方＝右脳派）なのか、論理的に説明するタイプ（「B」とした方＝左脳派）なのかがわかります。

この組み合わせから見ると、**ひらめきやすいタイプとしては、「Q1がA＝右脳派」のタイプ。そしてそれをうまく仕事に活かしやすいのは、「Q2がB＝左脳派」のタイプ**です。

しかし、これはあくまで参考なので、これ以外の組み合わせだった方も、トレーニングでグングン「ひらめき力」をアップすることができます。

PART 1 理論編

2章

なぜ、「ひらめき・直感」が必要なのか？

1 熟練した専門家の判断は無意識で直感的

■熟練すると、理屈ではなくわかることがある

「ひらめき・直感」とは何かについては、いろいろなとらえ方があります。それらの中には、**「深く考えなくても、正しいやり方や答えがわかってしまう」**ということが挙げられます。

このことについては、その道のプロと言われる熟練した専門家が、その分野についてはとくに深く考えなくても、正しいやり方や答えが自然とわかってしまうことがヒントになるでしょう。

たとえば、私がお世話になっている豊橋市のK時計店のKさんは、今ではたいへん少なくなってきた時計修理技能士1級の資格を持つ職人さんです。

Kさんの仕事は、機械式時計の修理やオーバーホール。ミリ以下のネジや歯車を寸分の狂いもなく組み立て、場合によってはそのミリ単位の部品をも自分でつくります。それも、常人では考えられないスピードで。40年以上も時計修理技能士として仕事をされてきた、まさに熟練した職人芸です。

私も実際に、Kさんの仕事を見せていただいたことがありますが、米粒の半分にも満たないような小さなネジを、いとも簡単に次から次へと機械式時計に組み込んでいく様子は、まさに「神技」としか思えませんでした。

そんなKさんは、修理に持ち込まれた時計を手に取った瞬間、それがどのような原因でうまく動作しなくなっているのかが、ほぼわかると言います。

私自身は学習塾を経営する中、20年以上、教育現場の最前線で多くの生徒たちと関わりを持ってきました。その結果、入塾初日の生徒をひと目見ると、「あっ、この子はすぐ伸びるな！」とか、「この子は○○が問題だな」といったことがすぐにわかります。

そして、実際に2～3週間指導してみると、その「直感」はほぼ間違いなくあたっています。

ひと目見た瞬間は、人に説明できるような論理的分析はいっさいしていません。というよりも、「どうしてわかるの?」と聞かれても、うまく説明ができないのです。

Kさん、そして私の判断も、論理的な根拠はないのですが、その判断はほとんどの場合、正しいようです。

■潜在意識に刻まれた多くの情報が活用される

私のことはともかく、先のKさんのような熟練した職人さんもそうですし、さらに言えば一流の将棋の棋士、プロ野球選手、プロゴルファー、作家、作曲家などの熟練した専門家たちは、ほぼ間違いなくこうした「ひらめき」や、「直感」的な判断を自らの分野で活かしています。

これは紛れもない事実ですが、その背景には何があるのでしょうか?

その道のプロは、その分野をずっと研究し、いろいろな体験をし、たくさんの情報を持っています。その情報は、他の人たちよりも質、量ともに、比較にならないほど多いということです。

熟練した専門家は、だれもがほぼ毎日のように、ご自分の専門分野に取り組まれてきました。その結果、本人はとくに意識していなくても、**勝手に手が動いてしまうほどの状態＝無意識**でそれをこなすようになっています。

そのため、「ひらめき・直感」を強く意識したり、それを活かしたいと思わなくても、結果として「ひらめき・直感」を使えるようになってきたと言えます。

では、なぜこうしたことが、「ひらめき・直感」につながってきたのでしょうか？

それは、専門分野に関する多くの情報が、「潜在意識」に深く刻まれているということです。

潜在意識を言い換えると、「無意識」になります。熟練した専門家は「無意識」、つまり論理的に考えることなく、自然体で自分の専門分野がわかってしまいます。

潜在意識では、長年にわたって、あらゆる状況に関するさまざまな経験が蓄積されています。自分自身が忘れてしまっていることさえ、無意識では覚えているのです。

これが、「ひらめき・直感」が働くもとになっているのです。

2 ビジネスパーソンの直感はあたる

■仕事でも、「ひらめき・直感」が働く機会は多い

多くのビジネスパーソンは、熟練した専門家ほど「ひらめき・直感」をうまく仕事に活かしているとは言えませんが、それでも**さまざまな場面において、「直感」を働かせる機会を体験しているは**ずです。

ただし、身の周りに氾濫しているさまざまな論理データを重視するあまり、その直感を信じて行動することは多くないかもしれません。

たとえば、私はこんな経験をしたことがあります。

幼児児童スクール部門では通常、新しく教室を開校するにあたって、その地域の世帯数、近隣小学校の子どもの数、ライバル教室の有無など、教室候補地の周辺状況を

いろいろな角度から調査します。

あるとき、たまたま見つけた教室候補地を見に行ってみると、本当に片田舎でした。最寄りの小学校も、それぞれの学年で1クラス。論理データ的には、教室開校はだれでも躊躇してしまうような場所でした。

しかし私は、理由は明確に説明できなくても、「何となく」この教室は開校すべきだという感じがして、結局その教室を開くことにしました。

開校してみると、どこから生徒が集まってくるのか、わずか数ヵ月の間に、ヘルプの先生が必要なほどの人気教室になってしまいました。

後からわかったのは、そのエリアが片田舎であったがために、かつて開校していたライバル教室はすべて撤退していたということがわかりました。また、新規に開校する教室も、数年なかったということです。

そして保護者、とくにお母さんに仕事を持っている方が多く、送り迎えに時間がかからない教室にしか通わせられない、という事情があったのです。

実際に開校し、保護者からのフィードバックがなければ、そのどれもがわからなかった情報です。

また、私が画廊の経営をしていたとき、愛知県岡崎市に同じく画廊を経営されている、Fさんという方と懇意にさせていただいていました。「いい絵」を判断する基準を教えていただいた、私の「絵の師匠」です。

ある日、私の画廊に持ち込まれた1枚の絵がありました。掘り出し物と思われた、明治物故作家のその絵を買おうとしていたとき、Fさんにその絵を見せながら興奮気味に話をすると、Fさんは話の途中にもかかわらず、「森田さん、やめておいたほうがいいよ」と言うのです。

「なぜですか？」と聞くと、「何かにおうんだよ」と言うばかりで、とくに理由は教えてくれませんでした。

私としては、めったに作品が出回らないその作家の作品ゆえに、何としても買いたいと思っていたのですが、それからその画家についての文献や絵の略歴などを調べてみました。すると、腑に落ちないところが出てきたのです。いわゆる、きわめて本物に近い贋作だったと言ってもいいでしょう。

やはり、Fさんの意見は正しかったのです。大先輩のFさんには、そのとき「直感」

が働いていたのでしょう。

Ｆさんは、潜在意識として蓄えられていた長年の数多くの経験の中から、本人も明確な理由をうまく説明できない状態で、「直感」として「やめておけ」という判断をされたのです。

■仕事上の経験も潜在意識に蓄えられる

できる経営者やビジネスパーソンも、同じように**潜在意識から与えられる「直感」によって、最後の最後は判断・決断をします。**

実はこうした直感は、一般的なビジネスパーソンの方たちも、少なからず感じていることがあるはずです。

ところが多くの方は、直感でそう感じていても、直感に重きを置いていないために、実際の行動には移しません。本人にとっては意外なことに、その直感はあたっていた！　ということが少なくないのです。

なぜ、こうした直感はあたるのでしょうか？

私の場合、前述の教室開校までに、20以上の教室開校を経験してきています。その経験の中には、万人に説明可能なデータや言語化できるものばかりではなく、うまく言葉で語れないような、感覚的な経験も数多く含まれています（本当に大切なものは、言葉でうまく表せないものなのかもしれません）。

これらの経験は、無意識のうちに潜在意識に取り込まれています。そして、この教室開校候補地に行ったときの私の直感のように、その瞬間に、潜在意識から「直感」となって教えてくれているのです。

Fさんも同様に、仕事上の豊富な経験が潜在意識の中に取り込まれていて、何となく「直感」が働いて正しい判断につながった、ということなのでしょう。

ですから、仕事に携わっていらっしゃる多くの方々も、自分の仕事、たとえば営業や企画、製造など、それぞれの専門分野ではとくに直感が働きやすく、またその直感はあたっていることを信じるべきです。

そして、何かふとした瞬間にひらめいた、自分の「直感」を信じて行動してみることも、とても大切なのです。

3 「ひらめき・直感」は単なる思いつきではない

■潜在意識で考えたものが「ひらめき」に

仕事に真剣に取り組んでいるときでなく、ふとした瞬間や、ボーっとしていた瞬間に、「あっ、これだ！」と頭の中に現われる「ひらめき」ですが、先にもお伝えしましたように、「ひらめき」は「思いつき」とは異なります。

「思いつき」というのは、言葉は悪いのですが、〝その場しのぎ的〟に偶然飛び出てきたものです。

一方の**「ひらめき」は、自分の中で問題としてきたことを、しばらくの間（数時間から数日間）考え続け、それが自分自身の潜在意識の情報と組み合わされて、ポンッと意識の中に現われたもの**です（次頁参照）。

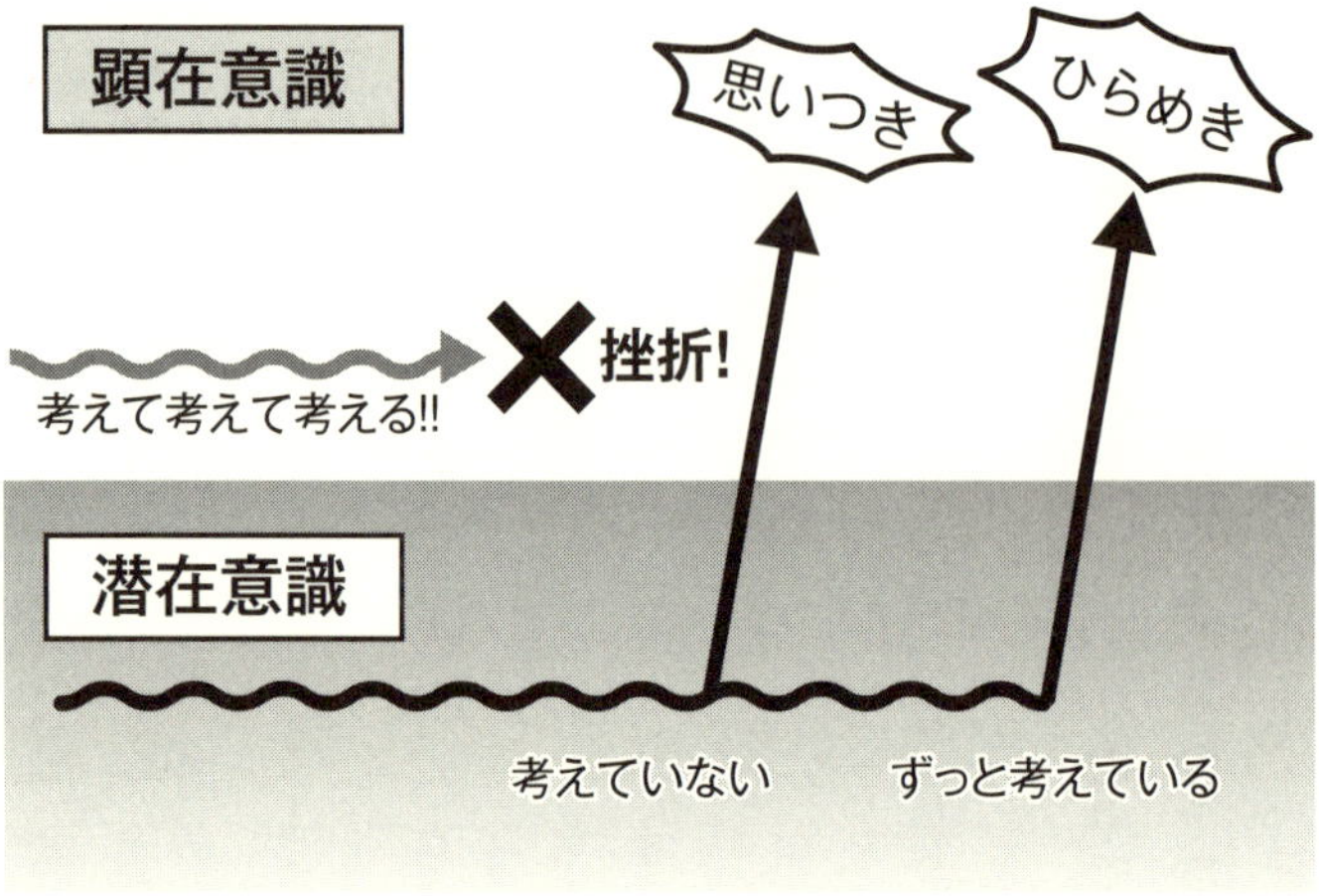

したがって、「ひらめき」はたいていの場合、良質なアイデアとなり、大いに仕事にも活かすことができます。

しかし、「思いつき」は、その場で偶然出てきたものですから、良質なアイデアに結びつくとは限りません。

そして、「思いつき」の多くは周りの人を混乱させます。私がシステムエンジニアのときの、顧客の課長代理がそのタイプでした。

新システムの運用や新しいアルゴリズムについてミーティングをしているときなどに、「あっ！　ひらめいた！　森田さん、○○をこうすればいいんじゃない？」と得意満面で伝えようとします。

しかし、その大半は、ミーティングに出席している人全員が「……」となってしまう、ピントのずれたものばかりでした。

これは、「思いつき」の典型的なパターンと言っていいでしょう。

その一方の「ひらめき」は、良質なアイデアですから、他の人もそのアイデアに驚き、そして納得してくれます。その人の潜在意識で、ある程度じっくりと考えたものだから当然と言えば当然なのです。

「ひらめき」は、何もないところからは生まれません。おいしいワインや日本酒が、じっくりと時間をかけて熟成させることによって、豊かで味わい深い姿でこの世に現われるのと少し似ています。

そしてそのアイデアは、他の人から直接的に影響を受けたものではなく、その人自身の潜在意識で考えたものであるため、オリジナル性が高いことも特徴です。

やはり、ワインや日本酒が、ぶどうや米などの原材料や水、育成環境の違いによって、独自の味を示すようなものです。

4 「ひらめき・直感」はその人の経験に裏づけられている

■いろいろな仕事の経験が、私の「ひらめき・直感」をつくった

先にご紹介したように、専門家の「ひらめき・直感」は、その人自身の経験の中から生まれる場合が多いのですが、「ひらめき・直感」から得られるアイデアは、まさにその人からしか生まれない、その人らしいアイデアです。

だれ一人として、まったく同じ人生を歩んできていないように、その人が仕事や毎日の生活で見てきたこと、聞いてきたことも、その人だけが経験してきたことです。

その膨大な経験による情報が潜在意識に蓄えられ、意識に渡されたものが「ひらめき・直感」だからです。

私自身も、仕事に就く前の学生時代に経験したアメリカ生活、大卒後の初めての仕

事であるシステムエンジニア、海外の画家を日本に紹介する美術商、国内物故作家を中心とした絵画商、学習塾講師、塾を含めた各種スクールの経営と、ジャンルの異なる職種を含めて、同じような職歴のある方はまずいないだろうと推測できるほどの経験をしてきました。

一般的にキャリアアップには、同じ業種〈職種〉内でステップアップしていくほうが、有利なような気もしますが、私はこういったまったく異なる経験をしてきたからこそ、人とは異なる視点で物事を見るという習慣が身につきました。

そして、何よりもその経験があったからこそ得られたと確信する「ひらめき・直感」を、何度も数えきれないくらい経験してきています。

私が、毎日の生活や仕事の中で、「ひらめき・直感」を強く意識しはじめたのものそのためです。

システムエンジニアという仕事は、依頼を受けた企業の業種、ならびにその会社の業務を把握したうえで、それに適したコンピュータシステム全体をつくり上げていくという仕事です。

そのため、かなり論理的に考えを積み重ねていかななければならない、左脳型の仕事と言っていいでしょう。

一方、その後の美術商や絵画商という仕事は、絵の大きさや重さといった、万人が共通して認識できる情報以外のものを感じ取らなければなりません。

たとえば、1枚の絵にこめられた作者の詩情や、時代的背景から醸し出される雰囲気などです。

そして、そうした万人向けのわかりやすい尺度がないものを、身銭を切って仕入れ、仕事として売買したり、企画展を開催していくということは、システムエンジニアとは対極にある右脳型の仕事のように思われます。

直接、仕事上の共通項は何もなく、こういった両極の思考経験があったからこそ、「ひらめき・直感」思考に気づき、それを大切に思えるようになったのです。

■各人の経験に基づく「ひらめき・直感」はオンリーワンのもの

今、私は教育業に携わっていますが、目先のことでなく、将来のあるべき姿に気づかせてくれたのも「ひらめき・直感」思考です。

たとえば、教育の原点である「読み・書き・そろばん」などの「基礎教育」の大切さ、そしてそれぞれの地域の世代を超えた、隣近所のつながりを活用した「地域教育」の重要性、さらに、公教育と私教育がもっと協力し合えるような仕組みをつくり、子どもたちの「教育」環境を変えていくことなど、私の目標も「ひらめき・直感」思考からヒントをもらっています。

もちろん、皆さんに多くの仕事を経験するように勧めているわけではないので、誤解のないようにしてください。

ただ、前述のように各人の「経験」というのはだれもが異なり、その人だけのものです。その経験に、いい悪いはありません。

過去に経験したどんな仕事や経験であれ、それがその人だからこそ、ひらめきを感じることができる、その人だけのアイデアとなるのです。

あなたにしかできない、あなたオリジナルの「ひらめき・直感」は、決して他人には真似のできないオンリーワンの強みなのです。

5 本当の「ひらめき・直感」かどうかを判断する

■「ひらめき」と「思いつき」の分かれ目は

「ひらめき・直感」を信頼することは、とても大切なことです。しかし、自分の頭に瞬間的に浮かんできたことだけを盲信して、論理思考を無視しろと言っているわけではありません。

むずかしいことではありますが、論理思考的な検証もしたうえで、「ひらめき・直感」を活用していくべきであって、バランスが必要ということです。

「ひらめき・直感」と「思いつき」の違いは、先にご説明しましたが、「ひらめき・直感」のほとんどは、自分自身の体験や経験に何らかの形で関係しています。「思いつき」は、そういった体験や経験とはまったく関係のない、気まぐれによるもので、周りの人を混乱させるだけです。

「思いつき」を「ひらめき・直感」と誤解して、何の疑いもなく取り入れてしまい、失敗を招くことがないとは言い切れません。

頭に浮かんだことが、正しい「ひらめき・直感であるかどうかの判断は、実はとてもむずかしいことなのです。

たとえば仕事をしていて、「ひらめき・直感」的にアイデアが出てくることがあります。そのような場合、**自分が常にその仕事のことを考えていたかどうか、が判断の前提になります。**

考えていたというと、四六時中そのことに向き合っていたように感じるかもしれませんが、むしろ、そのことを頭の片隅でいつも意識していたという言い方が正しいかもしれません。

つまり、**体験・経験・思考の蓄積が正しい「ひらめき・直感」を生み出す**のです。

■判断の基準は、理由なく腑に落ちるかどうか

そして、人は自分の都合のいいように考える習性があるため、それに惑わされて「ひ

らめき・直感」を抑え込んでしまうことがあります。そういったときは、「ひらめき・直感」だと自分が考えているものが、実は自己都合によって生み出された、単なる「思いつき」である場合が多いようです。

「ひらめき・直感」が本物かどうかを判断するには、そういった自己都合を排除して、第三者のように自分を見つめることが必要です。そのうえで、自分の良心にしたがい、理由なく腑に落ちるかどうかを感じるようにします。

しかし、正直なところ私自身、いつも正確に判断できるわけではなく、勘違いをしていることも数多くあります。それは、そのときの自分の精神状態に左右されてしまうからです。

こうした判断ができる確率を上げることはできますが、絶対という100%は望めません。むしろ、100%にこだわりすぎない姿勢で「ひらめき・直感」と付き合うことのほうが、逆にその確率を上げることになるようです。

簡単チェック❷

あなたの「ひらめき・直感度」をチェック！

今度は、あなたの「ひらめき・直感度」をチェックしてみましょう。

これは、文房具・オフィス用品の総合メーカーとして有名な「KOKUYO」が調査した、「ひらめきに関する意識調査」（全国の20～60代の男女計1200名を対象に実施／2007年8月31日プレスリリースにて発表）の結果をご紹介します。この中ではまず、こんな調査結果が示されています。

Q　**最近「ひらめいた」経験がありますか？**

↓「ある」と答えた方は3割超。

Q　**「ひらめき」は重要だと思いますか？**

↓「とてもそう思う」「ややそう思う」と答えた方は8割以上。

Q　**ひらめくときは、ひとりのほうが多いですか？　誰かといるときが多いですか？**

↓4割以上の方が、「ひとりでいるとき」と回答されています。

「だれかといるとき」と答えた方は、全体の2割以下となっています。

Q　**ひとりでいて、ひらめきやすい場所はどこですか？**

↓約3割の方が「ふとんの中」、2割の方が「お風呂」と答えています。

その他、車の中、トイレの中の順になっています。

Q　**ひとりでいて、ひらめきやすいのは何をしている最中が多いですか？**
↓トップは約3割の方で、「何もしていないとき」と答えています。

Q　**だれかといて、ひらめきやすい場所はどこですか？**
↓「わからない」がトップで約4割です。

Q　**だれかといて、ひらめきやすいのは何をしている最中が多いですか？**
↓やはり、「わからない」がトップで約3割。

Q　**ふだん、ひらめくために心がけていることや有効なことは何ですか？**
↓トップは「常に好奇心や問題意識を持つ」が約3割、「物事をいろいろな角度から見る」が約2割です。

Q　**ひらめきが重要だと思う職業は？**
↓トップは「クリエイター」が4割、「経営者」が3割、そして「すべての職業」が3割となっています。


多くの人が、「ひらめきたい！」けれど「ひらめかない……」という現状が見えてきます。

さらに、**どんな仕事でも「ひらめく」ことは大切だと考えている**ということも。

そして、こうした現状は何となくわかるものの、どうしたら「ひらめく」ようになれるかは見えないのがむずかしいところです。

では、「ひらめき・直感」度チェックです。以下の18の設問に答えてください。

No	Questions	○をつける		
1	仕事は仲間と話し合いながら進めたほうがいい	はい	ふつう	いいえ
2	寝起きはいいほうだと思う	はい	ふつう	いいえ
3	あきらめが早いほうだと思う	はい	ふつう	いいえ
4	おいしいものは先に食べる	はい	ふつう	いいえ
5	感動して泣くほうである	はい	ふつう	いいえ
6	占いが当たっていると感じることが多い	はい	ふつう	いいえ
7	空想好きなほうである	はい	ふつう	いいえ
8	自分は決してKYではないと思う	はい	ふつう	いいえ
9	ひと目見て気に入ってしまうことがよくある	はい	ふつう	いいえ
10	勘や仮説を重視する	はい	ふつう	いいえ
11	新しいモノ好きである	はい	ふつう	いいえ
12	どちらかといえば、現在より未来が気になる	はい	ふつう	いいえ
13	習慣や型にとらわれない	はい	ふつう	いいえ
14	細かいことは気にしないほうである	はい	ふつう	いいえ
15	体を動かすことが好きなほうだ	はい	ふつう	いいえ
16	どちらかといえば気まぐれ	はい	ふつう	いいえ
17	初対面の人の名前より顔を覚えるのが得意	はい	ふつう	いいえ
18	文字よりも絵や図などを描くことのほうが多い	はい	ふつう	いいえ

「はい」は5点、「ふつう」は3点、「いいえ」は1点として、その合計点を計算してください。

〈ひらめき・直感度分析結果〉

65点以上……5つ星☆☆☆☆☆
45点～64点……4つ星☆☆☆☆
30点～44点……3つ星☆☆☆
30点以下……ひとつ星☆

皆さんの結果は、いかがだったでしょうか?

ひらめき・直感度が5つ星や4つ星だった方は、かなり仕事や日常生活でも「ひらめき・直感」を活用されています。

本書の考え方やトレーニングを実践することで、さらに「ひらめき・直感」が活かされる場面も増えてくるはずです。

2つ星やひとつ星だった方も、悲観することはありません。本書の「簡単トレーニング」を日常生活に取り入れていくことで、必ず「ひらめき・直感」を身につけることができます。

PART 1 理論編

3章

「ひらめき・直感」を自分のモノにする

1 「捨て目」から探る「ひらめき・直感」の仕組み

■潜在意識に蓄えておいたことは、いつか顕在化する

皆さんは、**「捨て目」**という言葉を聞いたことがありますか？　私の以前の仕事である、美術商や骨董商の間でよく使われている言葉です。

「捨て目」とは、**そのときには何でもないようなことでも、目に留めて気にかけておくと、何らかのタイミングでそれが役に立つことがある**という意味です。

絵画作品の売買をしていると、作品が入手しにくい画家というのがいます。顧客のAさんがB画伯の作品のコレクターであっても、B画伯の作品が市場に出回りにくい場合など、Aさんに作品を紹介することはできません。

ところが、頭の片隅にそのことを留めておくと、1ヵ月後とか1年後のあるとき、

ふと出かけた画廊などで、プライベートで飾られているB画伯の作品がポンッと目に入ってくることがあります。

そして、意外にもそういった場合、飛び込みで話を聞くと、B画伯の関係者で、数点の作品を所有したりしていることがあるのです。

その結果、交渉してその店主から作品を譲り受け、Aさんに紹介する、という取引が成立します。

美術商にとっては当然、顧客はAさんだけではありませんから、B画伯の作品のことを四六時中考えているわけではありません。しかし、いざ状況に遭遇したときには、フッとそのことが頭をよぎる！　これが「捨て目」がきいた瞬間です。

また、このような例はいかがでしょうか？

お世話になったCさん宅へ呼ばれたときに、何となくDという銘柄のお酒が話題に出ました。そして、そんなこともすっかり忘れていた数年後、旅行先でふと目に留ったのがD銘柄のお酒。

その瞬間にCさんのことを思い出して、お土産にしてとても喜ばれたというようなことです。私たちにとってはとても身近な例ですが、これも「捨て目」の一例と言えるでしょう。

「捨て目」は美術商だけでなく、仕事をしている人であるならば、だれでも経験したことがあるはずだし、それは意識してトレーニングし、身につけるべき能力だと思います。

では、「捨て目」はどのようにして「きく」のでしょうか？

これは、潜在意識＝無意識が、その情報を顕在意識＝意識に手渡してくれているからです。

顕在意識＝意識ではすっかり忘れてしまっているようなことでも、潜在意識はずっと考え、感じ、それを顕在意識に教えてくれているのです。

見たものや聞いたものを、意識的に頭のどこかに留めておく、この「捨て目」が「ひらめき・直感」のもとになるのです。

2 「潜在意識」は意図して使える

■潜在意識に良質な情報を渡すように心がける

「ひらめき・直感」と潜在意識の関係について、もう少しくわしく見てみましょう。まず、潜在意識は無意識、顕在意識は意識ということを踏まえて、それぞれどのようなものなのかを復習しておきます。

顕在意識＝意識は、ふだん頭の中で考えたり思ったりすることです。今この瞬間にも、「何を食べようかな？」とか「明日の○○への訪問はどうしようか？」など、自分でその存在がわかる（意識できる）ことです。

一方、潜在意識＝無意識は「無意識」であるがために、自分ではその存在を意識したり理解していないものの、自分の中にたしかに存在しているものです。潜在意識は無意識ですから、意識的に「今、これを考えろ！」とコントロールすることはできません。

それだけに、**意図して潜在意識に良質な情報を渡しておいてあげることが大切に**なってくるのです。


たとえば、皆さんが「そろそろテレビを買い換えたいなあ」と考えていたとします。すると、新聞に折り込まれる電気店のチラシ、テレビで流れるCM、取引先にたまたま置いてあるテレビなど、これまで気にも留めなかった「テレビのあらゆる情報」に気がつくようになります。


これは、「新しいテレビの存在」が顕在意識に現われたために起こる現象です。

また、他の人と同じ空間、たとえばカフェなどにいると、人によって気になる対象は異なります。ある人は目の前のコーヒーが気になり、ある人はイスやテーブルなどの家具が気になり、ある人は働いている店員が気になるなどです。

いずれも、それぞれの人が、「顕在意識＝意識」で、はっきり自分の「意識」するものを選び出しているのです。

では、潜在意識のほうはどうでしょうか？

意識的に選び出したモノ＝情報以外のすべてを、自分では「意識」しないでいても、情報として蓄えているのが顕在意識＝無意識です。

友人と音楽の話をしていて、あるミュージシャンの名前がどうしても思い出せなかったとします。ところがその帰り道に電車に乗っていて、まるで別のことを考えているとき、ふとそのミュージシャンの名前を思い出した！　といった経験はありませんか？

まるで別のことを考えていたにもかかわらず、なぜそのミュージシャンの名前がわかったのでしょうか？

これは、友人と会っていたときから、ずっと**「潜在意識＝無意識」で、膨大な蓄積された情報を検索してくれていたから**なのです。

■潜在意識の考えを受け取ることが「ひらめき・直感」となる

57頁の「ひらめきに関する意識調査」では、私たちがひらめきやすいときとして、「何もしていないとき」「1人でいるとき」という答えが最も多くありました。私も、そのとおりだと思います。

それは、私たちが普通に生活しているときも、いろいろな情報が潜在意識に渡されているからです。しかしその情報は、自分が本当に潜在意識に考えてもらいたいものなのかというと、そうでない場合も少なくありません。

つまり、こうした「潜在意識」を、ふだん私たちはとくに意図して使っていないのですが、これは本当にもったいないことです。この膨大な情報を持っている「潜在意識」を、もっと意識的に使うべきなのです。

潜在意識を意図して使うためには、潜在意識と顕在意識の壁をいかに薄くするか、その壁にどうやって穴を開けるかが重要です。

顕在意識（意識）で考えたことや質問を、**潜在意識（無意識）にも考えてもらうためには、それを潜在意識に渡す＝伝えなければなりません。**

そのためには、ふだん閉ざされている「壁」を薄くし、穴を開けなければならないのです。

そして、考えたことや質問を、顕在意識から潜在意識にうまく渡すことができたと

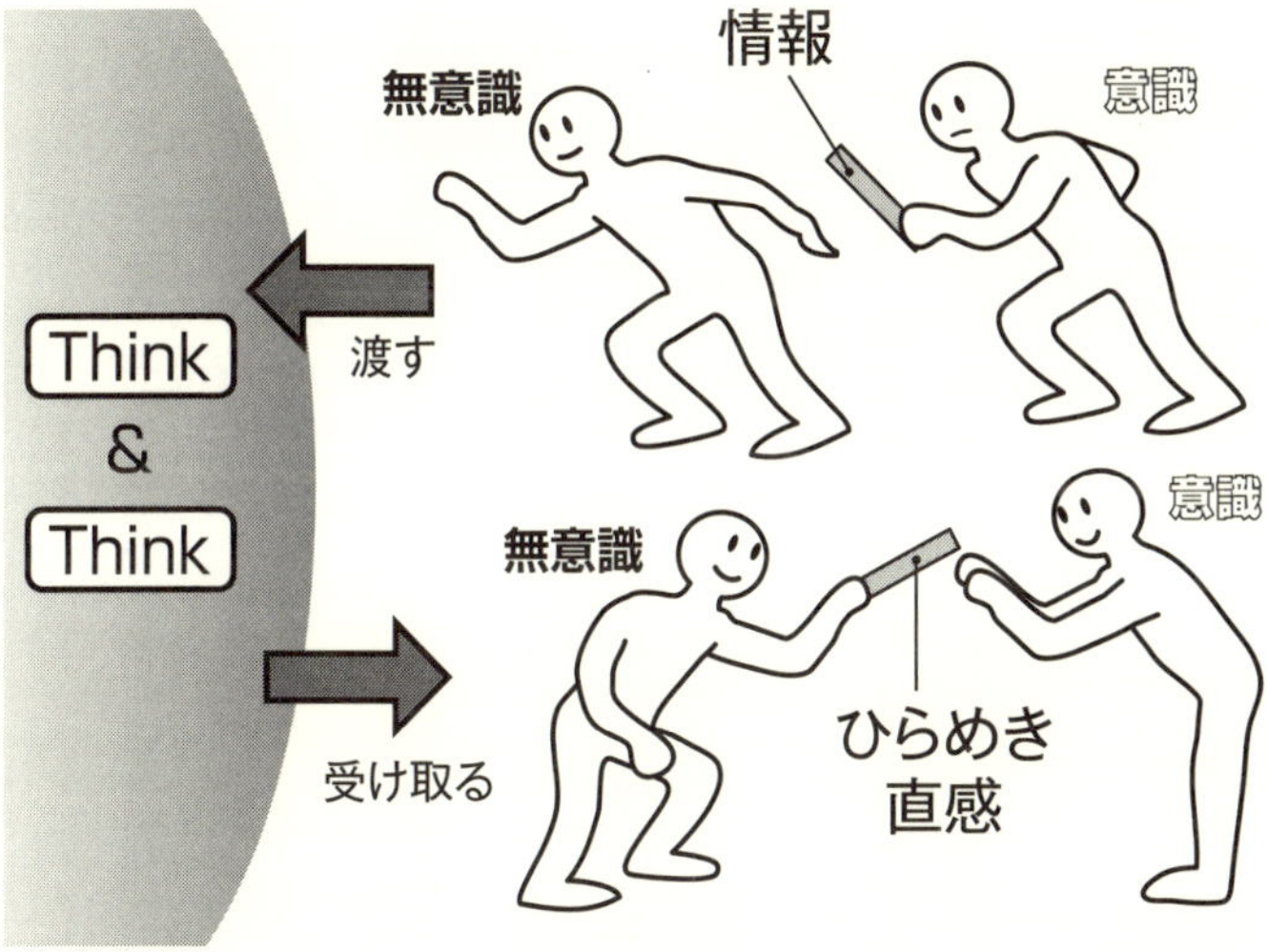

しても、今度は逆に、**潜在意識で考えたことを受け取ることができなければ意味がありません。**これを受け取ることが、「ひらめき・直感」を得るということなのです。

したがって、「渡す」「受け取る」の両方をするためにも、この「壁」をいかに薄くするか、「壁」にどうやって穴を開けるかが大切になってくるのです。

では、どうすれば、この壁をコントロールすることができるのでしょうか。

ひとつはトレーニングをすることと、もうひとつは**壁をコントロールしやすい状況に身を置く**ことです。

3 「潜在意識」を意図して使うには

■潜在意識にもしっかりと質問をする

潜在意識を意図して使うためには、潜在意識と顕在意識の間にある壁を越えられるような、有効な道をつくれるかどうかが重要です。

そのためのポイントは、次の2つです。

ひとつは、**潜在意識に検索してほしいことをしっかり渡す**ように気をつけるということです。前述の例では、「あのミュージシャンはだれ?」という質問を、潜在意識に確実に渡しておくということです。

当然のことですが、「Ｇｏｏｇｌｅ」の検索画面の前で、何もせずじっと待っていても画面は何も変わらず、何も教えてはくれません。

あなた自身が検索フィールドに言葉を打ち込み、検索ボタンを押すことで「Google」は、膨大な情報からその言葉に関する情報を検索して、画面に表示してくれるのです。

潜在意識も同様で、どんなにひらめきを得たいという内容があったとしても、漠然と思っているだけでは、なかなかひらめきにはつながりません。潜在意識にしっかりと情報を渡すために、何らかの質問をしておくことで、そのフィードバックが得られるのです。

この仕組みを強化するには、頭の中で思うだけでなく、**言葉にして言ってみること、紙に書いてみることが大切**になってきます。

思うだけでは、潜在意識に検索してほしいことを「強く」渡すことはできません。言葉として発声したり、紙に書いて視覚で確認するなどして、潜在意識に強く渡せば渡すほど、強力な検索エンジンが動くのです。

また、「Google」の検索フィールドに打ち込む、「言葉＝キーワード」も大切です。「一致する情報は見つかりませんでした」という結果が返ってくる場合は、見当違いなキーワードを打ち込んでいるのです。

同様に、「思うこと」「言葉に出して言うこと」「書くこと」のいずれも、**その答えが必ずあるという前提の、プラス思考のキーワード**にする必要があります。

たとえば、○○の企画について、「いいアイデアなんてあるわけないよなぁ。いいアイデアが見つかるといいけど……」という「思い」と、プラス思考で「必ずいいアイデアが見つかる！　ひらめくのが楽しみ！」という「思い」の違いは、いい検索キーワードかどうかの違いにつながってくるのです。

■潜在意識と顕在意識の壁を薄くする

2つ目は、**潜在意識から検索結果をもらいやすい状況をつくる**ということです。

ふだん私たちが生活しているときは、すべてにおいて意識的に行動したり考えることが多くなっています。この状態は、顕在意識と潜在意識の間の壁が分厚く閉ざされた状態です。

したがって、せっかく潜在意識で「ひらめき・直感」のもとになるモノが抽出されていても、壁に阻まれ、顕在意識のそれが渡されることがありません。

先の「ミュージシャンの名前」の例で、電車に乗ってまるで別のことを考えているときは、何かに没頭、集中しているときでなく、どちらかといえばボーっとしているときです。このような状況のときこそ、潜在意識からの検索結果がもらいやすくなってくるのです。

したがって、この壁を薄くすることが大切です。壁が薄くなれば、より頻繁に、そして多くの潜在意識から「ひらめき・直感」をもらいやすくなります。

壁を薄くするためには、「状況」をつくることと、その機会を増やすことで「習慣化」させることが重要です。

いずれも、本書の中で紹介している「簡単トレーニング」で身につけることができます。

継続的にこうしたトレーニングをすることで、潜在意識と顕在意識との「受け」「渡し」が日常的に頻繁に行なわれるようになり、「ひらめき・直感」をフルに活用できるようになるのです。

簡単トレーニング❶

「半覚醒」の状態でイメトレを

人は一生のうち、約3分の1の時間は寝ていると言われています。寝ている時間は「無意識」の時間ですから、私たちは、人生においてかなり長い時間、無意識の状態にあると言えます。つまり「無意識」は、何かしら私たちの思考に影響を与えているということです。

朝、目覚めてから完全に覚醒するまでは、半分起きていて半分寝ているような状態です。この**「半覚醒状態」では、顕在意識（意識）と潜在意識（無意識）の壁が薄くなっている**ため、意識と無意識の間で絵やイメージ、言葉などの情報が行き来しやすい状態になっています。私の場合は、毎朝だいたい10分ぐらい、意図してこうした時間を活用して、一種の「イメトレ」（イメージトレーニング）というか脳のトレーニングに使っています。

いったん目覚めたら、二度寝の誘惑を断ち切り、腹式呼吸を意識して、**鼻から深く息を吸い、口からゆっくりと息を吐く呼吸を繰り返してください**（横になったままでかまいません）。

夢の続きのように、まぶたの裏にいろいろな絵やイメージ、映像、言葉などが浮かんでくるはずです。最初は、何も見えない方も多いようですが、毎日トレーニングをしていると、1週間から2週間ほどで何かしらのモノが見えてくるようになります。

そして、**見えてきたモノや感じたことはたいていの場合、完全に起きてしまって時間がたつ**

と忘れてしまいますから、何かに書き留めておくことが大切です。

そこで、体を動かさなくても手が届く枕の下などに、メモ用紙とペンを置いておきます。

私は、目を完全に開かない状態でとりあえず書きなぐります。後から見て、それが何を書いてあるのかよくわからないこともありますが、きちんと書き留めようとすることによって、完全に覚醒したくないからです。

さらに、このメモに重要な意味を持たせるには、寝る前に潜在意識に「質問」を渡しておくのです。

渡し方は、**白い紙に自分がひらめきたいことや、どうしたらいいのかわからないことなどを、質問形式で書いておき、寝る前にベッドの中で2〜3分読んでから寝る**ことです。

このとき、顕在意識＝意識で深く考えてはいけません。意識で考えても答えの出なかったことですから、そこで考えても同じです。気持ちをラクにして、2〜3分間眺めるだけでかまいません。朝に渡されるイメージや言葉が、より現われやすくなります。

今までに私も、このメモから数多くの「ひらめき・直感」を得ることができました。

営業のアプローチ法、人事異動のアイデア、店頭商品の陳列など……あなたもきっと、自分の仕事に活きる「ひらめき」が得られるはずです。

ぜひトライしていただき、毎日続けてトレーニングをしてみましょう。

簡単トレーニング❷

日常のイメトレを習慣化する

「ひらめき・直感」を鍛えるトレーニングというのは、決して大げさなことでなく、日常生活上の些細なことに留意し、それを習慣化するだけでも効果が得られます。たとえば、食事や思索するときの次のような小さな習慣も、続けるうちにあなたの脳を変化させます。

これは、とくに一人で食事をする機会があったら、やっていただきたい習慣です。

私は、日頃から玄米食が中心です。そして、乳製品や動物性たんぱくをなるべく摂らない食生活を心がけています。そうは言っても、完璧にやろうというスタンスではないため、友人と外食したり飲みに行くときには、気にせずに食べる程度です。

「マクロビオテック」という食の考え方ですが、興味のある方は、調べてみるとおもしろいと思います。

さて、玄米や大根、芋、魚など、私たちが食べるものはすべて、「生き物」です。ですから、本来はそれに感謝して食べることが一番なのですが、毎食そういった気持ちでいることはなかなかできません。

それでも、**一人で食事をするときには、目を閉じてそれぞれの食材のイメージを膨らませて**

みるといいでしょう。

たとえば、玄米だったらそれが実っている稲穂、稲穂がなびいている田んぼなど。食べ物＝生き物であることが、理屈でなくイメージとして入ってきます。

また、皆さんは何かを考えるとき、目を閉じているでしょうか？　それとも開いているでしょうか？

近年、ＮＬＰ（神経言語プログラミング）のような考え方も一般的になっていますが、何かを考えるときに、右上や左上を見るかどうかが、脳科学的にも関係があるように言われています。

まあ、右を向いているか左を向いているかはおいておくとして、何かを考えるとき、目を開いているか、閉じているかはどうでしょう？

目を閉じて何かを考えるときは、まぶたの裏の真っ暗な空間にイメージを浮かべやすくなります。これは、自身の潜在意識からの情報を受け取りやすい状態とも言えます。

私も考えるときは、目を閉じて考える傾向がありますが、目を閉じていると視覚情報を遮断することができるため、よけいなモノに邪魔されにくい状況になります。

とくに、ゆっくり腹式呼吸をしながら、**目を閉じて考えることを習慣化すると、「イメージや画像」としてアイデアが浮かぶことが多い**ようです。

簡単トレーニング❸

美術作品から情報を感じ取る

これは、私の趣味というか嗜好が出たトレーニングかもしれませんが、美術作品を数多く鑑賞することも、「ひらめき・直感」を育てる大きな力があります。

次の文章Aと絵画Bを見て、皆さんはどのような情報を受け取ることができるでしょうか？

絵に描かれていること

・女性
・髪は、三つ編みのおさげ
・右手を胸に当てている
・背景左側に木が見える
・奥には橋がかかっている
・右胸には花飾り
・橋を２人渡ろうとしている

文章Aは、論理的にだれでもわかるように説明されていますが、それを理解するには時間も

かかるし、難解な文章であれば当然、個人の読解力の差も出てきます。

しかし絵画Bでは、一瞬のうちに「イメージ」で、あらゆる情報を得ることができます。

「イメージ」からは、実際に言葉に翻訳することができないものも含め、感覚的にとても多くの情報を受け取ることができます。そしてその情報は、**頭で理解する顕在意識（意識）ではなく、潜在意識（無意識）に入ってくる**のです。

私は、美術商として自分の「ひらめき・直感」的な判断で、自分が「いい」と思った絵を仕入れ、自分の画廊に展示していました。「いい」と思う判断は、作家の経歴や絵の来歴などの文字情報ではなく、目で見たとき瞬時に感じる、言葉には表わせない「詩情」です。

いい美術作品に接すると、一瞬で言葉では表わせない感情や雰囲気など、膨大な量の情報を感じることができます。たとえば、「なんてうつくしい絵なんだろう」と感じる場合、理由を明確に説明することはできませんが、それは潜在意識の「ひらめき・直感」的な判断だからです。

それゆえに、**芸術作品を見ることは、「ひらめき・直感」を得られやすくする、たいへんいいトレーニング**なのです。

私自身の経験から、絵を見るときはなるべく頭の中をからっぽにして何も考えず、そして深い腹式呼吸をして、ゆったりした気持ちで見ることがいいようです。

また、最初は絵の部分部分を細かく見るのではなく、少し離れたところから、全体像をボーっと見ていくことがポイントになります。

簡単トレーニング④

メニューを見たら3秒で即決！

皆さんの周囲に、こんな人はいませんか？

一緒に食事に行くと、メニューを見ながら、「これがおいしそう！　あっ、でもこれのほうがいいかしら？」などと、なかなか注文が決まらない人。

たしかに、たくさんの情報が一度に入ってくるため、迷ってしまうのもわかります。ただし、そういう人は仕事でも同様の傾向が見られやすいものです。

経営者や忙しいビジネスパーソンになるほど、多くの情報から瞬時に判断したり決断を下さなければならない状況が出てきます。

そんなとき、「これが最適なのでは？　いや、こっちのほうがいいかもしれない……」などと迷っていて決断ができないと、今のスピードの時代、ビジネスのタイミングを失ってしまうことがあります。

今は、スピードが価値を生む時代と言えます。宅配便は、即日配達！　ネットもかつての通信速度とは大違いです。私たちも、何かしなければならないこと、決めなければならないことがある場合は、それを持ち越さずに即断・即行動することが大切なのです。

そこで、「メニュー即決」トレーニングです。

多くの情報の中から即時に決断するトレーニングとして、まず**食事のメニューを見たら、3秒以内に注文するものを決めるようにする**のです。

このトレーニングを繰り返していると、レストランに入ったとき、自然にサンプルを見たり、お客さんたちが何をおいしそうに食べているのか、どんなにおいがするのか、といった「雰囲気」を瞬時に感じ取れるようになります。

「なぜ、そのメニューを選ぶのか」の「理由」を考えるのではなく、メニューを見たら3秒以内に、感覚で注文するものを決めるのです。

最初のうちは、「ひらめき・直感」から判断して選択したものではなく、「思いつき」から選んで注文して、後から「失敗だったなぁ」と思うことがあるかもしれません。

しかし、このトレーニングで起こる問題はあくまで食事面だけで、仕事上のトラブルになることはないから安心です。

むしろ、こうしたトレーニングを習慣にして、「ひらめき・直感」を磨いていくうちに、「おっ！これはあたりだったな！」と言えるものが選択できるようになります。

それが仕事をするうえでも、必ず役立ちます。**即決せざるを得ない状況に直面したとき、「ひらめき・直感」で正しい判断ができる力がついているからです。**

簡単トレーニング❺

意識して一人の時間をつくる

皆さんには1週間のうち、一人になる時間はどのぐらいあるでしょうか？

ある調査では、働いている世代の3人に1人は、「だれにも邪魔をされない一人の時間を大切にしている」そうです。

それだけ、現代人は独りになる時間を持つことができないでいるのでしょう。

私は、人と会うことが大好きです。塾生の保護者、教育関係者、異業種の経営者など、日々いろいろな人たちとの交流があり、楽しく毎日を過ごさせていただいています。

そして、そういう方たちと会っていると、どの人からも、何らかのインスピレーションや気づきをいただくことが多いように感じています。その人の持っている雰囲気や会話の中からも、いろいろと有用な「イメージ」を感じるのです。

ところが、あまりにも慌ただしい毎日を1週間も過ごしていると、ふと、自分が一人になる時間がほしくなります。

これは、皆さんも同じように感じているはずです。だからこそ、1週間に1回ぐらいは、「一人になって、何もしない時間を持つ」ことが大切なのです。

一人になって**「じっくり考える」必要はありません。ただただボーっとして、時間を過ごすのです。**

人の生き方にはバランスが必要です。陰と陽、明と暗のように、世の中には対極となるさまざまなことがあります。どちらか一方に偏ってしまうことは、それが一般にいいと言われていることであっても、バランスが崩れてしまうように思います。

仕事もまた同じです。毎日忙しく突っ走っているときには、「忙しいのはいいこと」ととらえてしまいますが、世の中のバランスを考えると、「何もしない独りの時間」を持つこともまた、大切なことなのです。

「中庸」という言葉があります。儒教の「四書」のひとつですが、その言葉の意味は、「偏ることなく、常に変わらないこと。過不足がなく調和が取れていること」ということです。つまり、自分の軸がブレることなく、そして何かに偏ることなく、バランスが取れている状態のことだと私は考えます。

時間に追われる忙しい現代人ゆえに、**一人になって、何もしない時間を持つことは、健やかな精神＝中庸に近づくこと**なのかもしれません。

「忙しさ＝いいこと」という常識的な考えから離れて、真逆の行動を取るには勇気が必要ですが、そこは思い切って脱常識を実行してみてください。

PART 2 実践編

4章

「ひらめき・直感」を活かすには

1 「ひらめき・直感」を活かせる人とは

■子どもの頃は「ひらめき・直感」が得やすい

仕事や日常生活で、「ひらめき・直感」が得やすく、それを活かしやすい人というのは、どのような人なのでしょうか?

そのひとつのヒントは、子どもたちにありそうです。

私は、教育業として小中高を対象とした学習塾、主婦・シニア層に特化したパソコンスクール、そして幼児児童対象のスクールを複数経営しています。長年、たくさんの子どもたちと接してきましたが、子どもたちから多くのことを気づかせてもらい、学んできました。

通常、子どもたちは、大人にはない発想や違う見方をしています。その背景として、子どもたちには私たち大人が考えているような既成概念があまりない、ということがあります。

大人は、ややもすると「これはこうあるべき」とか、「こういう足かせがあるからムリ」などと考えがちですが、子どもはその過程にある障害は考えずに、結果だけを見据えています。自分がひらめいた直感に、大きな疑いも持たず、それを実行しようとします。

また、子どもたちは空想が大好きです。現実には決してあり得ないような状況を、自分たちでつくり出すなどして、自分が想像した架空の場所で遊んだり、毎日の遊びの中でさまざまな空想をしているのです。

皆さんも子どもだった頃、いろいろな〝ごっこ遊び〟をした経験があると思います。男の子なら自分が架空のヒーローになり、ジャングルジムが自分たちの基地で、そこを攻めてくる悪者と戦ったり、女の子はどこかの国のプリンセスになって、架空の宝石を身につけてふるまったりしたのではないでしょうか。

ところが、大人へと成長するにしたがって、いろいろな情報を取り込んで蓄積することによって、既成概念が身についてきます。それが、空想の世界に入り込むことを邪魔するようになるのです。

論理的理性や常識を身につけること自体は、大人になる過程で必要なことであり、決して悪いことではありません。

しかしそうなると、その人の考える「枠組み」の中から抜け出しにくくなります。つまり、潜在意識＝無意識からの情報が渡されにくくなってしまうのです。

■「ひらめき・直感」を信じて素直に受け入れることが大切

こうしたことから、「ひらめき・直感」は一般的に、むしろ若い人の「専売特許」のように言われますが、必ずしもそんなことはありません。

単純に年齢が若ければ「ひらめき・直感」が得やすいわけではないし、男性、女性、高学歴の人、そうでない人など、その人間の属性などは何も関係ありません。

私の周りを見ても、私よりも年齢が上でも、すばらしくそれを活かしている方もいらっしゃいます。

「ひらめき・直感」を、ふだんから活かしておられる方に共通しているのは、**その**

存在自体を強く信じ、そこから得られるモノを大切にしているということです。

その結果、**素直にそれを受け入れているというのも重要**なようです。

若い人のほうが「ひらめき・直感」を身につけやすいように言われているのは、そういった「素直さ」が、年齢を重ねた方よりも勝っているからなのでしょう。ある程度年を重ねると、「頑固」になってしまう方もいるようです。

ですから最終的には、老若男女にかかわらず、素直な感性を持っている方のほうが、「ひらめき・直感」を身につけるのには適しています。

素直だからこそ、「ひらめき・直感」を得る力を開発するためのトレーニングを、行動に移せることが大きいのです。

2 「偶然」を単なる偶然として片づけない

■「必然」は「偶然」の顔をしてやって来る

ふだん、何気なく過ごしている日常生活の中でのことです。

携帯電話を手に取り、○○さんへ電話をかけようと番号を押しはじめた瞬間、その相手から電話がかかってきた。あるいは、○○のことが気になるなと思って書店へ出かけると、○○についての本が目に飛び込んできた、そんな経験はありませんか?

たぶん皆さんは、あまり意識していないと思いますが、こうした**小さな出来事を単なる偶然として片づけず、いつもと少し違うという合図と感じ、それを無視しないこと**が大切です。

単なる偶然が、必然としての意味を持つことも多いのです。

あるとき私は、アメリカに住んでいた少年時代の友だちの夢を見ました。彼とは、お互いの家にしょっちゅう泊ったり、野球のリトルリーグやアメフトの少年クラブでいっしょにプレーした親友です。

私が帰国してしばらくは、手紙などのやり取りをしていましたが、いつの間にか疎遠になり、かれこれ30年近くの年月がたっていました。

目が覚めてから、「ああ、なつかしいなぁ。何をしているのかなぁ」と考えていたとき、「Ｆａｃｅｂｏｏｋ」に新規の「友達申請」があったのです。それは何と、夢に出てきた彼からの「友達申請」だったのです。

大人になった彼は今、子どもたちのカウンセリングをする会社を経営しています。私も教育業を経営する中で、子どもたちの「気持ち」や「モチベーション」を大切にしているので、彼との偶然的な交流の再開によって、アメリカでの実例などを聞くことができ、とても参考になりました。

また、こんなこともありました。数年前の4月に、当社の中心社員の1人が、事情があって退職することになりました。それによって、人手が足りなくなるというだけでなく、経営の右腕になるような人物を心から欲するようになっていました。

私のワンマン経営、トップダウンの経営を変えたいと思い、「いい人材がほしい」「組織を変えなければ」と、さまざまなビジネス書をむさぼるように読んでいた頃のことです。

なかでも、船井総合研究所の創業者で、経営コンサルタントの先駆者でもある船井幸雄氏の著書『「本物」になるクセづけ』には、プラス思考・素直・勉強好きであれと書かれていて、私自身そうありたいと心から共感したすばらしい本でした。

その本を読み終えてすぐの5月初め。突然1本の電話がかかってきました。ある男性からの求人への応募でした。

それまでにも10名ほどの面接をしていたのですが、残念ながら私の考えとは嚙み合わず、採用にまでこぎつけることができずにいました。

その男性とは翌日にアポを取り、当日、顔を合わせて履歴書を見て驚きました。履歴書には大きく、「船井幸雄さんの著書を読むのが趣味」と書かれていたからです。

何という偶然でしょうか。面接の結果、彼を採用しました。そして今、彼は立派に私の右腕となって働いてくれています。

こうした、「偶然」を大切に考えることも、「ひらめき・直感」の養成には必要なことです。小さな出来事を単なる「偶然」で片づけずにいると、そこから思わぬ「つながり」と「ヒント」を得ることができるのです。

そして、その「つながり」と「ヒント」が、仕事に関係する正しい判断になったり、すばらしいアイデアの源になることがあるからです。

読者の皆さんも、こうした「偶然を単なる偶然として片づけなかった」という体験は、仕事にかかわらずあるのではないでしょうか。

ただ、こういう「偶然」に気がつかない、あるいは、気づいていても意識せずに通り過ぎてしまうことが多いことも事実です。

必然になるすべては、偶然からはじまっていることを、強く意識しましょう。そうすることが、すばらしい「ひらめき・直感」へとつながっていくのです。

3 失敗を恐れないプラス思考で即行動

■迷いがあるときは、積極性のあるほうを選択する

さまざまな自己啓発書やセミナーでも言われているように、プラス思考でいることは本当に大切なことだと思います。私は、生来の性格も手伝って、かなりのプラス思考です。

プラス思考は、「ひらめき・直感」にも大切なことです。

たとえば、決断や判断に迷いがあるときは、積極性のあるほうを選ぶのがいいと考えています。そうすると、結果として自分の行動も積極的になります。そして、その結果がたとえ失敗であったとしても、決して悔いることなく、次へのステップだったと考えることです。

またプラス思考は、「素直」な気持ちを生みやすくなります。マイナス思考の人は、「どうせ、やってもムダ！」とか、「忙しくて今はムリ」と考えて、なかなか一歩を踏み出すことができません。

つまり、決断や判断にあたって、積極性のあるほうを選べなくなっているのです。ですから、せっかく自分のためになる新しいアイデアや方法を人から聞いたとしても、それを実行する人は少数派になります。逆に、プラス思考の人は、積極性のあるほうを選ぶために、「素直」にならざるを得ないのです。

世の中には、数多くの自己啓発書やセミナーなど、成功例やアイデアが溢れています。結局のところ、それを読んだり聞いたとしても、実際にはマイナス思考のために実行には移せない人が多いため、**プラス思考で、素直にそれを「実行」した人だけが、成功している**と言えます。

■失敗は気づきや新しいアイデアのもと

ふだんから論理的判断に頼っている人が、すぐに「ひらめき・直感」を有効に使えるとは限りません。ですから、最初は「ラクな気持ちと状況」で、「ひらめき・直感」

と付き合うのがいいでしょう。「絶対にこれだ！」と思い込みすぎると、あとから落ち込む可能性が大きくなります。

発明家トーマス・エジソンは、電球を発明するまでに1万回の失敗をしたそうです。しかし、そのことをエジソンは失敗とは考えませんでした。エジソンは、**「失敗ではない。うまくいかない方法を1万通り発見しただけだ」**と言ったそうです。

ユニクロの柳井正氏は、著書の『一勝九敗』の中で、「失敗を恐れてはいけない。失敗にこそ成功の芽は潜んでいる」と言っています。数回うまくいかなかったからといってネガティブに考えるのでなく、「そういうこともあるよね。でも、これが長い目で見ると逆によかったのかも！」とプラスに考えていくことです。

長い目で見れば、すべての選択に失敗はありません。必ずその選択はベストだったと考えればいいのです。そしてそれが、本当の「ひらめき・直感」を呼び込むことにつながるのです。

私自身も、数多くの失敗をしてきた中から、ほんの少しの成功を得ることができました。10のアイデアを実行に移したからこそ、ひとつか二つの成功例が生み出せる。でも、ひとつや二つ実行して、それがうまくいかなかったからやめてしまうのはもったいないことです。

失敗からプラスアルファの気づきがあり、さらにそこから新しいアイデアが浮かぶこともあるのです。アイデアがひらめいたら、すぐに実際の行動に移すことが大切です。

私もそのことを忘れないために、会社の目につくところに、「即行動」という言葉を紙に書いて貼っています。

■「自然体」が「ひらめき・直感」を得やすくする

「ひらめき・直感」を活かしてよい結果が得られなかったときは、その際の「心の状態」に原因があることが多いようです。つまり、「どうせ○○だから……」とか、「結局、○○しても同じ……」などのネガティブな心の状態のときです。

心がネガティブだと、論理思考をしているときにもいいアイデアは浮かびません。同様に、ネガティブ思考で「ひらめき・直感」を受け取ると、正しい「ひらめき・直感」は得られないのです。

たとえば、怒っているとき、悲しんでいるとき、イライラしているとき、あせっているとき、落ち込んでいるとき、不安でいっぱいのとき、恐怖を感じているとき、欲に駆られているとき……などは、ネガティブ思考に陥りやすくなるため、注意が必要です。

逆に、「ひらめき・直感」を得やすいときというのは、どういったときなのでしょうか？　これまでの流れから、「プラス思考をしているとき！」と思う人も多いでしょうが、ちょっと違うのです。

正解は、「よーし！　やるぞぉ!!」と気合が入っている、過度にプラス思考のときではなく、いわば**「穏やかなプラス思考」＝「自然体」**のときなのです。

ゆったりと心身ともにリラックスしているとき、心が浮足立ったり、沈みこんだりすることなく、呼吸がおだやかに感じているときが、「ひらめき・直感」には最適の状況なのです。

営業成績や企画アイデアの締切で焦っているとき、大勢の前でのプレゼン準備で不安になっているときなど、意識的にそこから離れて、リラックスできることを試してみてください。そうすることによって、いい状態で「ひらめき・直感」を受け止めることができるはずです。

4 直感的に出てくる言葉を大切にする

■口をついた思いもよらない言葉にこそ、「ひらめき」が隠されている

皆さんは、人前で話をしたり、プレゼンをすることが得意でしょうか？　それとも苦手でしょうか？

私の経営する学習塾でも、イベントなどのときに、みんなの前で生徒に話をさせることがあります。また、新しく入った講師にも、社内研修などで集まったときに、他の講師たち全員の前で自己紹介をしてもらいます。

すると、緊張してしまって頭が真っ白になるのでしょうか、自分が言いたいことの半分も言えずに、もぞもぞしてしまう人がいます。

また一方で、みんなの前に立って視線を集めると、それによって急に頭が回転しはじめたように、すらすらと流暢に話せる人もいます。ちなみに私は、小さい頃から後

者のタイプです。

私は、人前に立って講演やセミナーをしていると、あらかじめ頭で考えていた言葉でなく、ポンッと飛び出てくるように、思いもよらない言葉が口をついて出てくることがあります。

そして、それまで考えもつかなかったその言葉が、意外にも核心をついた、とてもすばらしい言葉だったということがよくあります。

このように、人と話しているときに**直感的に出てくる言葉こそ、「ひらめき」**なのです。

先日も、40名ほどの方々の前で90分ほど教育、とくに「子どもたちのやる気」について話をさせていただきました。

その冒頭、「つかみ」の話をしながら、目の前にいる人たちの一瞬の表情の変化が目に入ったとたん、私は「子どもの目を見て話す指導法」という、レジュメにもどこにもないタイトルを口にしていました。

とくに項目を立てていたわけでもないのですが、後から聴講者の方々の意見を聞くと、その内容がとても参考になったそうです。

ここでもし、この直感的に出てきた言葉を、事前に用意していたものではないから……と無視していたら、出席していただいた方たちは、普通の話だったという印象しか持たなかったかもしれません。

■言葉のやり取りが新たな発想を生む

マーケティングの課題解決のためなどに行なわれる、「ブレインストーミング」（ブレスト）というものがあります。

これは、グループによるアイデア発想法で、お互いに自由に意見を出し合い、それに触発されることで新しいアイデアを引き出すというものです。

ブレストは、論理的マーケティング手法でありながら、「直感」を利用した発想法も取り入れていると言えます。

当社でも、社員ミーティングでブレストを行なっていますが、お互いの発言の中から、思わぬ発想が生まれることが頻繁にあります。なぜ、こんな言葉が出てきたのか、自分でも不思議な感覚になることがあります。

このように、言葉を意識的に大切にする習慣を持つことは、ふだんの仕事や生活の中で、「ひらめき」のヒントを見逃さないことにもつながります。

たとえば前述のように、自分が人前で話したときに偶然出てきた言葉が何か引っかかったら、それをメモします。

取引先との商談の際に、相手の方から発せられた何気ない言葉に、理由はわからなくても何か感じるものがあったら、それをメモするなど、**意識的に、身の周りの言葉を大切に扱う**のです。

大きな「ひらめき」はめったに現われないかもしれませんが、**小さな「ひらめき」は、日常の中にたくさん転がっています。**

そうしたものを、できるだけ見逃さないようにしましょう。せっかくの「ひらめき」を「アイデア」として活かせるようにするためにも、直感的に出てくる言葉を軽んじてはならないのです。

5 新しいモノ好きと天の邪鬼がポイント

■「非日常」だからこそ、「変化」が起こる

弊社では毎年、年初にその年の3つの行動目標を発表し、グループ全体でこれを共有しています。

ここ数年、ずっと引き継いでいる目標のひとつが、「新しいことにチャレンジする」というものです。会社として、それぞれの部門として、また個人として、常に新たなチャレンジをしていこうということです。

人は、安定した状態を本能的に好む傾向がありますが、安定した状態からはあまり刺激を得ることはできません。

また、現在のビジネスの時流は、以前と比べてそのサイクルがとても速くなってきています。**常に新しいことにチャレンジするという気持ちでいないと、現行のビジネ**

スモデルはすぐに通用しなくなるという可能性があります。

私個人としては、社員や家族から、「えっ！　また何か新しいことをするの？」とあきれ顔で言われることがよくあります。

そう言われる理由は、新しいことをやるのはいいとしても、10のうち残るのはほんのひとつか2つだからです。

しかし、10の新しいチャレンジをしたことで、10の経験が残ります。そして、その大半が他につながる「ひらめき」のタネになります。「初体験」への挑戦は、潜在意識に強くその情報を刻み込むのです。

また、私の小さな習慣として、コンビニのソフトドリンク類の新製品だろうと、パソコンの周辺機器の新製品だろうと、新しいモノは手に取って試してみるようにしています。

「スターバックス」などでも新商品が出ていると、とりあえずそれを注文してしまう「新しいモノ好き」と言えます。

そして、他の人と一緒のときには、「私も同じものを」ではなく、あえて人とは違うものを選ぶという「天の邪鬼」な一面も持っています。

これらの行動は一見、意味のないことのように思われるかもしれませんが、必ず自分の目を覚ますきっかけになります。

そして、「それまで、何でこんなモノ（やコト）に縛られていたのだろう」という気づきにもつながります。

こうした**「新しいモノ好き」というのは、これまでの自分の経験にはないことを、新たに経験できるということ**です。

そして**「天の邪鬼」のほうは、他の人とは違う経験ができるということ**です。

どちらにしても、自分にとって「非日常」だからこそ、新しい「変化」が起こるのです。

6 バーチャルではないリアルな体験は強い

■現実とじかに接することで、強いメッセージが伝わる

自分が「ひらめき・直感」をより高めるためには、バーチャル（空想）ではなくリアル（現実）を体験することが大切です。

たとえば、私の英会話学習ですが、私が子どもの頃、父は大学教授だったことから、海外の学会にしょっちゅう出かけていました。

小中学校を通じて、父からは「英会話ができるといいぞ」と言われ、私自身も海外にあこがれがあったため、当時有名だったあるテープ学習の英会話教材を聞いていました。もちろん、ネイティブのアメリカ人が録音していたものです。

やがて、父の仕事の関係で、家族でアメリカへ1年間行くことになりました。

渡米してからもテープ学習を続けていましたが、実際にアメリカ人の友だちができ、

目の前の彼らが話す発音は、テープよりもむずかしいものであっても、簡単に聞き取れるようになっていました。

仕事でもそうです。多教室展開している幼児児童スクール教室のひとつ、S教室でさまざまな問題が持ち上がりました。

担当の先生からの報告で、こと細かに状況を把握し、それについての対応策などを指示していたつもりでしたが、実際にリアルな現場に顔を出してみると、一瞬でそれらの問題点がより明確になり、別の改善策がひらめきました。

また、最近の教育業界では、インターネットやDVDで一方的に授業を受けるシステムも増えてきています。

教育を単なる知識の詰め込みと考えるなら、これらのやり方も合理性があっていいかもしれません。しかし、それだけでなく、先生との間で「思いや気持ち」をやり取りする場としてとらえると、そうしたやり方は一概にいいものとは言えません。

私自身も学生だった頃のことを思い出すと、強く心に残っているのは、各教科の公式や重点項目よりも、リアルな先生の笑顔や、言葉のやり取り、雰囲気などです。

バーチャルではなくリアル――リアルな先生から学ぶからこそ得られるものが、たくさんあるのです。

このように、**リアル＝現実を目の当たりし、それとじかに接することで、五感以外のありとあらゆることが強く心に伝わってきます。**

もちろん、潜在意識にも強いメッセージとして、情報が伝えられます。

昔から、「百聞は一見にしかず」と言いますが、先人はリアル＝現実のこうした「ひらめき」につながる効果も知っていたのではないでしょうか。

ビジネスの現場でも同様です。どんどん事務室内から飛び出して、現場に足を運ぶことを心がけましょう。

リアルな状況を目で見、肌で感じることで、「ひらめき・直感」から、思わぬ解決策やアイデアが浮かぶはずです。

7 「疑似体験」でリアルを補う努力もムダではない

■コンサル思考をすると疑似体験が得られる

前項で指摘したように、リアルな体験を重ねることには有用性があるのはたしかです。ただ、そのことはわかっていても、いろいろな事情によって、それがいつも実行できるとは限りません。

そこで、これから紹介するように、「疑似体験」を重ねることで、リアルを補うことを考えてみましょう。

私の場合、どこかへ出かけたときに、ついついその店や仕事の状況を自分に当てはめてみて、「ここをこうしたら、もっとおもしろくなる！」とか、「この配置をこうしたら流れが変わる！」などと考えるクセがあります。

コンサルタント的な思考というか、実際に指導をしているわけでもない店などにとっては、まったくよけいなお世話でしょう。

しかし、お昼に行ったラーメン屋で、ただラーメンを食べて出てくるのも、前述のようにそのお店の経営者になったつもりで、いいところをピックアップしたり、改善点を見つけて店を出るのも、どちらもラーメン代７００円を払うことに変わりありません。

たとえば、先日もある和食系の居酒屋に行ったところ、ついつい店員の接客や店内の動線などに目が行ってしまいました。

とくに気になったのは照明です。あまりにも明るく、色も白すぎたのです。もし、私がオーナーだったら、入口から通路を通って席に着くまでの照明を、場所に応じた明るさと、料理をおいしく見せる暖色系の照明に変えさせます。

自分には本来、関係のないことですが、自分がその店の経営者になったつもりで、その店についていろいろなことを想像して考える――これは、**あくまで疑似体験なのですが、結果的には、たくさんのことを「経験」した積み重ねのように、私の中に情**

報として蓄えられます。

自分自身に、実際にそれを経験したかのように、錯覚させているのです。

一般的に**体験や疑似体験が少ない人は、自分の置かれた狭い範囲でしかものを考えられないため、「ひらめき・直感」をうまく活かすことが苦手**です。

一方で、たとえ疑似体験でも、自分の仕事やそれ以外のありとあらゆる場面で、「自分だったらこうする」という想像、空想ができる人は、「ひらめき・直感」をうまく活かせる人なのです。

想像、空想することは、イメージを膨らませることに役立ちます。たとえ疑似体験でも、それは同様だからです、

優秀なコンサルタントの多くは、論理的・マーケティング的な思考に加えて、このような疑似体験的な空想から、「ひらめき・直感」を働かせ、さまざまなアイデアを出しているのかもしれません。

8 「ひらめき・直感」の存在を確信する

■現代人は「ひらめき・直感」を軽視しすぎている

「ひらめき・直感」は、だれもが持っている能力なのですが、現代人でそれを意識して使っている人は少ないようです。**それを使いこなせるようになると、活かせる場面は人それぞれに無限に広がります。**

世の中の「成功している人」が発信している文章や言動を見ていると、ほとんどの人は、大きな決断や判断をしなければならないとき、論理的データも使いますが、最終的には「直感」を活用して決断や判断をしています。

そして、そういう人々の仕事は、オリジナルの独創的なアイデアで差別化されています。また、その人自身も仕事において迷いや不安を持つことなく、短時間に素早い判断をしています。

こう書くと、そういう人しか「ひらめき・直感」を身につけることができないのかと思われる方がいるかもしれませんが、**自分にも「ひらめき・直感」があることを素直に確信した人は、それを活かせるようになる**ようです。

つまり、成功している人たちは、自分にその能力があることを強く信じている人が多いと言えます。

たとえば就職に際して、論理的判断では「A社のほうが業績もいいし、給料も高い」とわかっているのに、なぜか「業績も給料も劣るB社のほうがいいような気がする」と感じることがあります。

また、Cの企画とBの企画では、みんながCの企画を勧めるけれど、なぜかBの企画がうまくいくような気がする。それなのに結局、周りの意見や論理的な考えによって、自分の感じた方向ではないモノを選択してしまうことが多いのです。

現代人は、自分がそう感じたこと＝「ひらめき・直感」をあまりに軽視しすぎているように感じます。実は、こうした流れは「ひらめき・直感」をしだいに鈍らせていく、負のスパイラルなのです。

現代社会に生きる私たちは、学校や親、そして職場などの社会から、「これは正しいこと」とか「これはすばらしいこと」といった判断の基準を、長い間かかって教えられてきています。そのため、「自分自身」＝「本当の自分」ではなくなってしまっているのです。

必ずしもそれが悪いわけではありませんが、無意識＝潜在意識から受け取る「ひらめき・直感」による、本当の自分の判断ができなくなっているのです。

世間から受け取る狭い考えや価値観にとらわれるのをやめて、もっと自分の「ひらめき・直感」を大切なモノと信じてください。そうすれば、皆さんの仕事も、独創的アイデアに満ち、迷わず即決できるように変わっていくはずです。

■「ひらめき・直感」は、いろいろな形でやって来る

何度も皆さんにお伝えしているように、「ひらめき・直感」はだれもが本来持っている能力ですが、それを受け取るときの「形」はその人によって、また状況によって変わってきます。

必ずしも、わかりやすくてていねいな「言葉」で得られるわけではありません。絵や単語、イメージなど、さまざまな形でやってきます。

簡単トレーニング1の『「半覚醒」の状態でイメトレを』は、その典型例かもしれませんが、私自身、朝の寝起きに枕元に書き留めるメモには、○や△を合わせた絵や、意味がよくわからない単語である場合が多いようです。

しかし、メモを見てもわからなかったものが、2～3日後に具体的なアイデアに結びつくことがよくあります。

あるときのメモには、「ノートのような四角い形」と、「生徒たち」「心」という文字が、ぐるぐるといくつもの円の中に書かれていました（半分目を閉じ、半分寝ている状態でメモしているため、どうしても解読不能のメモもある）。

ちょうどその頃は、学習塾の生徒たちに、勉強プラスアルファの「整理・整頓・しつけ」や「目標設定」、「振り返り」などの重要性をどのようにして伝え、それらを習慣化させられるのかを考えていたときでした。

残された四角い形や「生徒たち」「心」というキーワードをボーッと眺めていると、

そこから「日誌をつくろう」とひらめきました。

するど、どんどんイメージがふくらみ、毎回の授業前、授業後に日誌を書かせる、そしてその日誌の中に整理・整頓・しつけ、目標設定、振り返りの項目を盛り込み、それを習慣化させていくというアイデアに発展し、それが現在の塾業界では珍しい「学習日誌」を導入するきっかけになりました。

授業前に、あいさつ、靴箱や机の整理整頓、授業準備などのチェック、その日・その時点（テスト前など）での目標設定、授業後の学習内容や態度・姿勢の振り返りなどを盛り込んだ、他塾にはないオリジナルのアイデアとなった「学習日誌」は、勉強はもちろん、勉強プラスアルファという意味でもたいへん役立っています。

日頃から、**「ひらめき・直感」を大切なモノと考え、いろいろな形で渡される小さな情報を素直に受け入れ、自分で消化する**ことで、「ひらめき・直感」は大きな力を発揮してくれるのです。

9 雑多な情報が新しいアイデアを生む

■きっかけがあると「ひらめき・直感」を得やすい

「ひらめき・直感」が得られる瞬間は、何もしないボーっとしているときが多いとお伝えしましたが、それに至る段階では、何らかのタネや、きっかけとなるモノが必要です。

もちろんそれらは、潜在意識で考えてもらうための数々の情報でもありますが、その情報のそれぞれが連続していたり、まとまっていなくても、いっこうにかまいません。

仮に、断片的な単語や図、絵のようなキーワードであったとしても、その人が生活してきた中で蓄積されている潜在意識の情報が、「ひらめき」を引き出すきっかけになります。

たとえば、あるときの私のメモには、「風船の絵」「大きくぐるぐると丸で囲んだ『夏』の文字」「洗い出し」「たこ焼きのように並んだ○」「FC」「トリプルネーム」「ファミリーサポート」……などの、かなり意味不明で雑多な情報が並んでいました。

パラパラとこれらのメモを眺めていると、ここからある公的団体と協力してお互いがプラスになる企画、そして子供を対象とするイベントの原案がひらめきました。

これは、公的団体とある企業、そして弊社との3社コラボの夏イベントで、風船とペットボトルを使った空気砲をつくるという親子イベントになりました。

■きっかけのひとつとして「メモ」が役立つ

ところで、皆さんはメモを取ることが習慣となっていますか？

「メモ」ですから、長文で書くわけではありません。私もひと言、ふた言、単語の羅列のようにメモをしています。

しかし、その単語の並びを後から見ると、それが「キーワード」ですから、私には何について書いたメモなのかが理解できます。そして、それが「きっかけ」になって、後からひらめくこともあります。

ここに、潜在意識という宝箱があります。大航海時代の海賊船のように、宝箱はいくつも無数にあります。しかし、その宝箱にはカギがかかっていて、開けることができません。そのカギは、こうしたメモのようなきっかけなのです。

「ひらめき・直感」は、場所と時間を選びません。電車の中や、ときにはトイレの中や、友人とカフェにいるときにひらめく場合もあります。そして、「ひらめき・直感」はほんの一瞬だけしか姿を見せずに、長い間頭の中に留まっていてくれません。

だからこそ、「ひらめき・直感」を引き出すきっかけとして、また、せっかくの「ひらめき・直感」を逃がさないためにも、「メモ」を取る習慣を身につけることが大切です。

メモを取ることは、「ひらめき」＝アイデアを逃さないための工夫なのです。

■「メモ」は整理整頓しないほうがよい

さらにメモは、項目別に分類する必要はありません。

現代の論理思考では、情報は整理整頓してフォルダなどに仕分けすることで、アイデアにつながるとしている場合が多いようですが、私はそうは考えません。雑多なままでも、ありとあらゆる情報を同時に把握することで、それが**お互いに刺激し合って化学反応を起こし、アイデアにつながる**のです。

情報を整理整頓することは、論理思考であるがゆえに〝積み重ね〟です。たとえば、新商品のキャンペーンの企画について考えるとき、それについて整理整頓された情報のみを効率的に見ることになります。

これはこれで効率的なので、直接的なアイデアはたしかに浮かびやすいと思います。しかし、生み出されたアイデアは論理思考の延長線上にあるため、今までにない独創的なアイデアではなく、平凡なモノになりやすい気がします。

一方で、ランダムなメモのような情報は、雑多な情報であるがために、それぞれが刺激し合うという効果があります。

たとえばキャンペーンの企画を考えるのに、食べ物や旅行、遊びの情報なども交錯するので、そこから今までにない独創的なアイデアが生まれるのです。

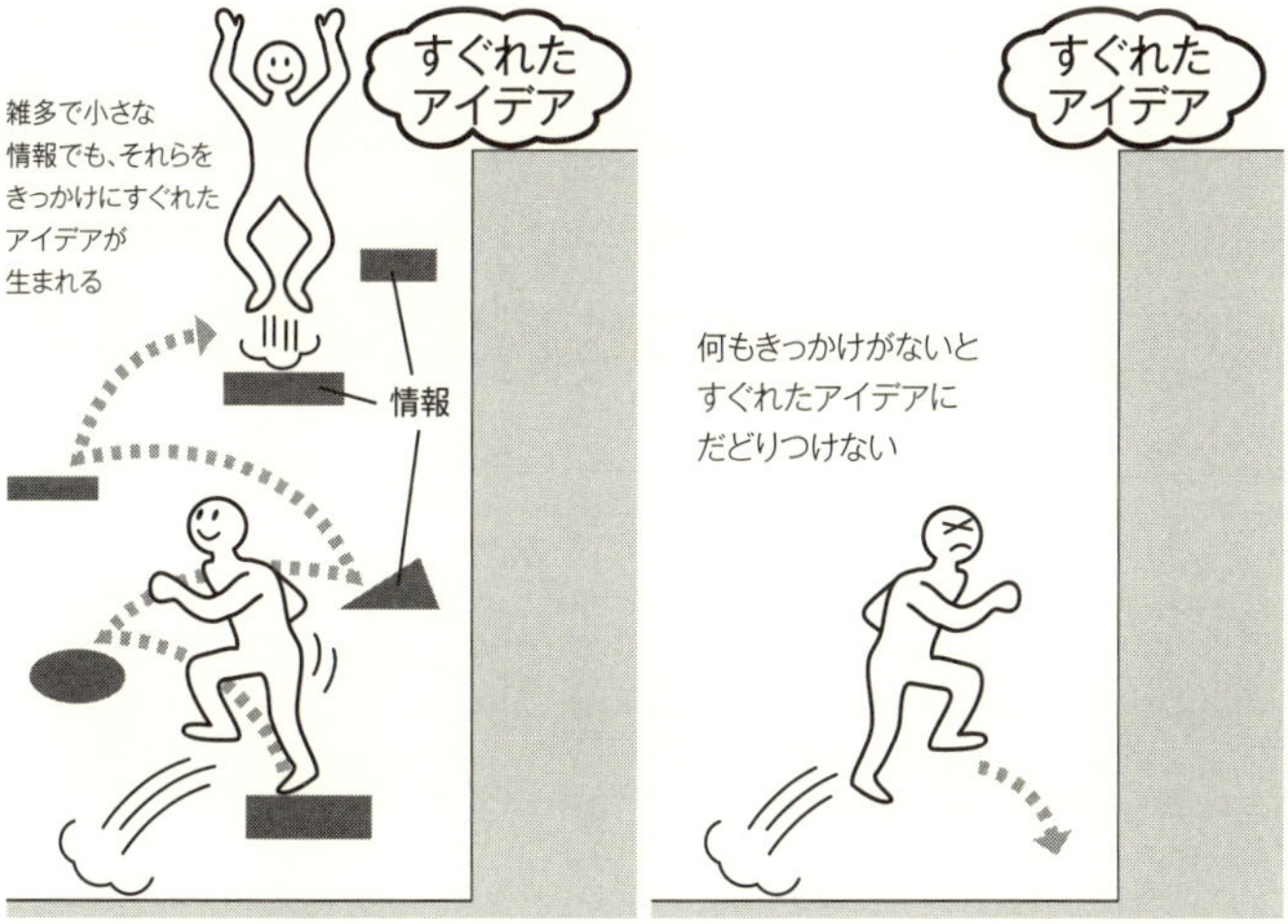
すぐれた
アイデア
雑多で小さな
情報でも、それらを
きっかけにすぐれた
アイデアが
生まれる
情報
すぐれた
アイデア
何もきっかけがないと
すぐれたアイデアに
だどりつけない

ただ、大切なポイントとして、その情報も**何もない「無」の状態からは、何かを生み出すことはむずかしい**ということです。

したがって、新しいアイデアを生み出すためには、何らかの雑多な情報が必要ということなのです。

簡単トレーニング❻

知っている風景を思い浮かべる

「ひらめき・直感」というのは、顕在意識（意識）が課題としている問題の情報を潜在意識（無意識）に渡し、潜在意識で考えてもらったことを、顕在意識が受け取ることに他なりません。

その「ひらめき・直感」が、潜在意識から顕在意識に渡されるときには、次のような2つのケースがあるようです。

ひとつは、まったくそのことに関係のないタイミングや場所で、ポンッと一瞬で渡される場合。もうひとつは、自分自身で意図的に「ひらめき・直感」を得ようとして、渡される場合です。

どちらの場合も、トレーニングを重ねることでそれが行なわれるわけですが、ひらめきたいときにひらめかせるという後者は、そのコツをつかむために、繰り返しのトレーニングが必要になってきます。

私自身の経験では、**意図的に「ひらめき・直感」が渡されるときの特徴としては、まぶたの裏にイメージというか、絵や文字として現われることが多い**ようです。その逆に、偶然渡される場合は、言葉としてのキーワードが頭に浮かぶことが多いようです。

これまで、たくさんの人に聞き取り調査を行なった結果、まぶたの裏の真っ暗な空間に、カラーのイメージなどが見られるようになるには、ある程度のトレーニングが必要なことがわかりました。

そこで、このトレーニングです。自分の知っている風景を、目を閉じて思い出すようにするのです。これは、**自分が思うものを、イメージとして頭の中に容易に思い浮かべられるようにするためのトレーニング**です。

たとえば、自分の家の玄関、リビング、冷蔵庫の前などの風景……。絶対に知らないはずがない、毎日見ている風景を、まぶたの裏に思い浮かべてみるのです。できるだけ細かい部分まで、しっかりと思い出すようにしてください。

いきなり目を強く閉じて思い出そうとしても、なかなかうまくいきません。腹式呼吸をしながら、リラックスした状態で思い出してみてください。最初は、ぼんやりとしか浮かんできませんが、繰り返しトレーニングしていくと、細かな部分までかなり鮮明に見えてくるようになります。

また、家族や友人、知人の顔などは比較的、思い出しやすいので、まずはそうしたイメージを思い浮かべることからはじめてもいいでしょう。

これに慣れてきたら、自分が以前に通っていた中学校や小学校の教室など、より記憶のあいまいな風景に挑戦するのもいいでしょう。

簡単トレーニング❼

白い紙とペンで文書を書く

仕事上では皆さん、さまざまな文書を書く機会があると思います。そして業種にもよりますが、私の場合はパソコンで書くことが多くなっています。そこで、このトレーニングです。パソコンの電源を切り、白い紙とペンを使って、手で文書を書くのです。

私は、ふだんからパソコンと「iPad」を使うことが多く、社内でもペーパーレスを目指しています。紙とペンを使うことは、時流とは逆行しているのかもしれません。しかし、あえて白い紙に、**自分が思っていること、やってみたいこと、気になっていること、そして仕事のアイデアにつながるかもしれない断片的な言葉や単語などを、自分自身の「字」で書いてみる**のです。一時は弊社の社員も、ペーパーレスにこだわっていて、極力紙とペンを使わないようにしていましたが、今では白い紙とペンを再び使いはじめています。

私は、赤、青、緑などのカラーボールペンも使いますが、メインとなるものは筆ペンで書きます。カラーボールペンは、分類するときの囲みやアンダーライン用です。筆ペンを使うのは、そのときの「気持ち・感情」が文字に反映させやすいからです。

漢字、ひらがなを含めて、日本の書道には「字」からその情景や感情を感じるという文化があります。たとえば「風」という字を書道で書く場合、日本人はその字から、「風」が冬の冷たい突風なのか、春の暖かいそよ風なのか、などを感じることができます。アルファベットを使うアメリカやヨーロッパでは、「ｗｉｎｄ」という手書きの文字から、そうした情景を想像するという文化自体がありません。

「筆」は、その情景や感情を表わすのに優れた筆記具なのです。

私が「筆ペン」を使うようになったきっかけは、たまたま目の前に「筆ペン」があったからですが、実際に使ってみると、ある文字からは「強い意志」が、別の文字からは「不安」がというように、自分の気持ちが感じ取れました。まさに「字は体を表わす」でした。

白い紙に書くときには、パソコンの画面のように定位置からの書き出しではなく、中央に大きくとか、右端に小さくとか、斜めにとか、ある文字だけ強調するなど、直感的に自由に書くことができます。**単なる言葉としての意味だけでなく、それ以外に「感情」的なものも、目の前の１枚の紙に反映させやすい**のです。自分の字ですから、それを後から見ると、容易にその「思い」も感じ取れるはずです。

「白い紙とペンを使って、手で文書を書く」ことは、「ひらめき・直感」的なアウトプットになりやすい面があります。そして同時に、自分の字で書いたものを後から見ることは、印刷された文字から得られる言葉としての意味だけでなく、そこにプラスアルファが感じられ、新たに頭に浮かぶアイデアにも差が出てくるのです。

PART 2 実践編

5章

仕事の現場で「ひらめき・直感」を活かす

1 自社内や自部署で必要とされる存在になる

■仕事上で重要性が増す創造的なアイデア

論理思考も必要ですが、そればかりでは他の人と思考の道筋が同様であるため、似たようなアイデアしか生み出すことができません。それでは、自分が存在する意味が薄れてしまうのです。

たとえば、私の知人のSさんは、ガラス製造会社を営んでいます。彼の会社では、ガラスが新しい素材にとって代わられつつある中で、ガラスの新しい活かし方や納入先についての会議をしていました。

部下の2人は、それぞれが現在のガラス製品が使われている局面や納入先などをマーケティング的に調査し、ガラスならではのメリットとデメリットから、論理的にガラスの新しい活かし方、納入先を考えて発表しました。Sさんは、2人のプレゼン結果がとてもよく似ていたことに驚くとともに、もっと独創的なアイデアがほしいと感じたそうです。

これからのビジネス社会では、よりオリジナリティが必要になります。私は、「ひらめき・直感」がない人は、その中で生き残っていけないのではないかと、心配しています。

自分のいる会社や所属する部や課といったチームの中で、必要とされる「ひらめき」の代表的なものは、創造的なアイデアだといっていいでしょう。

論理思考で会議が行き詰まり、平凡でない独創的なアイデアが必要とされているときに、それに応えることができる人は、必ず社内で必要とされる存在になります。

たとえば、今自分が担当している仕事は、他の人でもできるかどうかを考えてみてください。もし、他の人でもできるということであれば、それは代わりがきくということですから、近い将来、コンピュータ化やオートメーション化される可能性があります。

私が画廊をやっていたときから、さまざまなことを教えていただいている大手新聞専売業のT会長の会社では、多くの従業員の月々の給与や経費などの計算や仕訳に、以前は経理部の何人もの人が関わっていたのに、今では便利で優秀なパソコンのソフトウェアのおかげで、担当が1人でも十分にこなせるようになっているそうです。

一方で、そうしたルーティンの仕事と違って、非凡で創造的なアイデアの創出は、決して他の人が代わりを努めることはできないものです。あなたが「ひらめき・直感」を使って、そうした提案をすることができる人であれば、当然、周りのみんながあなたを必要と感じるはずです。

■結果を正しく「見通す力」も求められる

私の友人Hくんは、私が「ひらめき・直感」思考なのを知っているため、先日こんな話をしてくれました。「実はオレ、営業先でお客さんに会った瞬間、あっ、今日はうまくいくとか、あっダメだって、わかるんだよね」と。

これは、とくに何か根拠がなくても、仕事の成否に対して「ひらめき・直感」がはたらいている代表的な例です。もちろん、自分の気分で仕事を見切るような行動は決してするべきではありません。

ただ、このように「直感」で、仕事に関連することを正しく「見通す力」があると、結果として仕事でムダな動きをすることが減るため、やはり社内で必要とされる存在になります。

「ひらめき・直感」が使えない人は、マニュアルどおりのことを覚えるのは得意ですが、目の前に突然現われる異変に対して、すぐに判断することは苦手です。また、正しい決断を下すことも、必ずしも得意ではありません。

「ひらめき・直感」を使える人は、なぜかわからないけれど、「正しい選択」ができます。理由を説明できないのですから、他人から見ると「ただ、運がよかったんだね」と思われがちですが、本人には、ただの運のよさとは思えない、何か「腑に落ちる」感覚が、その選択とともにあるのです。

こうした力を発揮して、社内や部課などでみんなから必要とされる存在になると、仕事が楽しくできるようになり、さらに「ひらめき・直感」が冴えるという好循環が生まれます。この本の読者の皆さんには、そんなふうに仕事をしていただきたいものです。

2 女性の「ひらめき・直感」に敏感に

■本来、女性は「ひらめき・直感」型の思考が得意

私が経営する幼児児童対象スクールの講師は、１００％女性です。エリアごとに毎月開催する勉強会（全体ミーティング）では、数十名の女性講師が集まります。

また、この幼児児童対象スクールや学習塾の保護者への対応として、懇親会や面談、保護者対象の講演会などを開催していますが、その出席者の90％以上が女性です。

こういった環境から、私の周りには女性が多くいらっしゃるため、女性の特性を勉強するのによい機会をいただいています。

その結果、必然的に女性と男性の違いが少しずつわかるようになり、女性のすばらしさも理解できるようになってきました。

女性の特性としては観察眼が鋭く、たとえば人と会ったときなどに、相手の服装、

ベルトや靴の色、時計などかなり細かく思い出すことができます。

私もそうですが、多くの男性は人と会っても、その人がどのようなネクタイを締めていたとか、どんな服を着ていたかなど、30分もするとまったく思い出すことができません。

また一般論ですが、男性は、自分のプライベートなことや、思ったこと感じたことなどを、あまり他の人に話しませんが、女性は、プライベートなことも含めて、自分の周囲のできごと、うれしかったこと悲しかったことを、周りの女性に話します。

「ひらめき・直感」は、老若男女を問わず、だれでもトレーニングによって得やすくなりますが、もともとの特性から考えると、女性は「ひらめき・直感」型の思考に近いと言えます。「口コミ」や「共感」する力が強く、「ひらめき・直感」ゆえに判断が速いことも特徴です。

男性が論理的だと言われる一方で、女性は感情的・直感的とされます。私も女性講師と話していて、そういう面は何度も感じています。

そして、女性講師たちの直感的な意見やアイデアに耳を傾けると、すばらしいものがたくさんありました。

たとえば、チラシ、ニュースレター、教材などについて、文字の形や図や写真の配置など、とくにビジュアル的に目に入ってくるものには、男性では気がつかないところに女性は目が届くようです。

あなたが女性であれば、自分の持っている「ひらめき・直感」を十二分に活かしてください。

一方、あなたが男性であれば、自分の「ひらめき・直感」を大切にするとともに、男女両性それぞれの特性を理解したうえで、**周りの女性がもともと持っている「ひらめき・直感」に敏感になるべき**です。

職場の女性の声に耳を傾けましょう！　仕事に活かせる、さまざまな気づきがあることと思います。

3 非凡で創造的なアイデアの飛び交う会議に

■「ひらめき・直感」が渡されやすい環境をつくる

会社などの組織に属していてもいなくても、仕事は他の人との関わりの中で進められるため、会議やミーティングといった打ち合わせは、日常的に行なわれます。私も、社内外のいろいろな会議に出席してきましたが、「ひらめき・直感」感覚を持った人が多く出席する会議は、お互いに触発し合って、非凡で創造的なアイデアや意見が飛び交います。

ただしそのためには、「ひらめき・直感」が渡されやすい会議の環境をつくることが必要です。

「ひらめき・直感」は、何もないところからは生まれません。その人自身の潜在意識を刺激するもととなる情報と、その人自身の体験・経験が潜在意識でミックスされ、表に出てきたものが、その人オリジナルのアイデアとなるのです。

日頃から、トレーニングで「ひらめき・直感」を感じ取る習慣を身につけておき、他の人の発言から「刺激」を受けることで、さらに2倍3倍の効果が得られるはずです。


会議をする場所も、非常に大切です。

私の会社では、波音が聞こえるビーチで、折りたたみ式のデッキチェアと日よけのパラソルの下で、ミーティングすることがあります。

会社からビーチまで車で10分という好ロケーションであり、私を含めて社員がサーフィンをやるということもあり、平日の日の出とともに早朝からサーフィンを楽しみ、その後のんびりと休憩をしながらのミーティングです。もちろん夏限定ですが。

従来の一般常識ではあり得ない会議の場所、それも太陽、波音、海風を肌で感じられる自然と接しながらのミーティングでは、リラックスできることで、社内でのミーティングでは出ない創造的なアイデアが生み出されます。

海でミーティングとはいかないまでも、**いつも同じ場所で会議・ミーティングをしているのでしたら、それを変えてみることをお勧めします。**

また、会議では、**話すべきことを頭でまとめる前に、とりあえず話し出してみてください。**

「考えがまとまっていないのに話せない」という方もいらっしゃると思いますが、話し出してみると意外にも、自分では思ってもいなかったような内容が口から勝手に飛び出てくることがあります。

いったん話し出すと、「何か言わなければ！」という状況になり、また周りも発言者に注目します。

そういう追い込まれた状況＝土壇場では、潜在意識と顕在意識の壁が薄くなり、自分の潜在意識から思わぬ言葉が渡されるのです。

最初はうまくいかないかもしれませんが、思い切って挑戦してみてください。きっといいアイデアが生まれるミーティングになり、メンバーは活性化されるはずです。

4 営業活動ではお客さまから得られる直感を大切に

■頭をよぎる言葉やイメージを見過ごさない

私が画廊を経営していたときには、さまざまな企画展のアイデアを考えたり、画家のところを訪問したり、画商同士の交歓会や情報交換会、絵画オークションといった仕事を行なう一方で、「絵画」の営業販売もしていました。

その際、「このお客さまは買ってくれそう」だとか、「後からがちょっとたいへんそうだな」とか、直感がはたらくことがよくありました。展示会場や自分の画廊にお客さまが入ってきて、そのお客さまと絵について少しお話ができれば、頭にすっとその方の好みの画家が浮かんだりしたものです。

こういった感覚は、もちろんその仕事についての基礎となる、ある程度の経験を積まなければ、湧き上がってきませんが、**直感を大切にして、それを信頼して接客すると、ほぼ間違いなくよい結果につながりました。**

まずは、「いらっしゃいませ。お越しいただき、ありがとうございます」とお迎えします。そして、お抹茶をたててゆったりと「絵」について話していると、1枚の絵をとおして、お客さまと同じ感覚を共有できる瞬間があります。それを、直感的に「感じる」のです。

「絵」の場合は、価格以外の数値的分析ができないものだけに、よけいにこの感覚が必要だったと思えます。

ひと口に営業と言っても、その仕事の内容はいろいろです。仕事の分野にもよりますが、それでも営業マンの方には、直感で得られる感覚を大切にしてほしいと思います。

数値的に分析して出てきた論理的データももちろん必要ですが、それにこだわり過ぎていると、**お客さまとの会話や雰囲気から得られる直感**を逃してしまうことになります。

たとえば、自動車販売や住宅販売の営業マンであれば、ショールームやモデルハウスにお客さまが入ってこられたその瞬間から、ふっと頭をよぎる言葉やイメージを見過ごさないでください。

もし自動車のショールームで、あるお客さまの顔を見たときに、頭の中に「スピード」というキーワードが浮かんだら、そのお客さまは、燃費はもちろん気にしますが、スポーツカーのような動力性能にこだわっているかもしれません。

理由はうまく説明できないものの、**何となく感じるものがあるという、その瞬間とそのイメージを大切にしてください。**

通常のありきたりな営業ではなく、お互いに感じ合うことのできるプラスアルファの営業活動が可能になり、ひいてはあなたの営業成績を押し上げてくれる要因にもつながります。

5 転職は自分自身の心の声にしたがう

■本当の「ひらめき・直感」は嘘をつかない

一般的に転職は、当人にとって大きな決断である場合が多いはずです。どうするのがよいのか迷って悩んでいるときには、夜も眠れなくなるような人もいるのではないでしょうか。

このようなとき、**周りの人の意見やアドバイスを聞き入れることは、「ひらめき・直感」には障害になります。**

他の人の意見やアドバイスを聞いて、それによって判断することは、責任転嫁しないまでも、自分だけで責任を負う必要がなくなるからです。そして、それは本当の自分自身を見失ってしまうからです。

私も、システムエンジニアから画商をはじめるときには、数人の方に相談をしました。その方たちは、私を心配してくれるがゆえに、右も左もわからない画商という仕事よりも、忙しくても安定した、そして将来性のある（その当時は引く手あまたでした）システムエンジニアを続けることをアドバイスしてくれました。

しかし私自身は、好きな絵に囲まれて楽しく仕事をしているイメージを拭い去ることができず、思い切って有休を取ってアメリカに行ったことが、決断の第一歩となりました。

そこで出会ったアメリカ人女性画家 Edna Hibel の絵を観たとき、絵の仕事をはじめることを確信したのです。明確な理由はありませんでしたが、Hibel の絵を日本に紹介して、たくさんの人がその絵に癒されて感動している様子が浮かんだのは、今でもしっかりイメージとして残っています。

静かに穏やかに1人になる時間を持ち、転職そのものにフォーカスするのではなく、転職した後に自分がはたらいているイメージを思い浮かべながら、それが楽しそうなのかどうかを基本に瞑想してみます。決して論理的に深く考えずに。

何か理由はわからなくても不安を感じる場合は、それは自分自身の「ひらめき・直感」が否定している証拠です。逆に、すっと腑に落ちる感覚がある場合は、その判断＝転職は正しいということです。

また、その転職を考えはじめた頃からの「シンクロニシティ」、たとえばたまたま目に入った求人情報や、タイミングよく受信したメールなどをメモしておくことも判断の基準になります。

そういった偶然は、単なる偶然ではないからです。

小さなシンクロニシティにアンテナを張っておくことで、「ひらめき・直感」的判断が自分でも納得いくものになります。

こういう視点＝感じ方から転職を考えるのが、正しいのではないでしょうか。

本当の「ひらめき・直感」は嘘をつかないし、間違えることもありません。それは、自分自身の心の声だからです。

6 採用面接でも「ひらめき・直感」が活きる

■言葉の内容以外の雰囲気から伝わることが重要

私は中学生のとき、父の仕事の関係でアメリカに行き、地元の学校に入学しました。最初は英語がわからず、周囲の外国人たちの言っていることを、その「雰囲気」から直感で判断して、コミュニケーションを取らざるを得ませんでした。

それは、相手の言葉よりも、相手の雰囲気から察して状況を理解するコミュニケーションでした。

日本に帰り、大人になって会社を経営し、求人に応募してきた人たちの面接をするようになって、「これは、アメリカでの当初のコミュニケーションに似ているなあ」と感じました。

企業の採用担当者は、数多くの応募者の中から、志望動機、能力、性格などを見極め、最終的には直接面談をして、合否を判定することになります。

採用側としてのコストもバカになりませんから、真剣勝負です。もちろん求職者たちも、全力で面接に臨んできます。まさに、採用者と応募者の一騎打ちといったところでしょうか。

書類選考を通ってきた応募者たちが、言葉によって多かれ少なかれ過大な自己評価を示す中から、その言葉だけにとらわれず、表情、髪形や服装、声の抑揚など、**その人が醸し出す雰囲気を、「直感」で感知すること**が重要になります。

言葉によって伝えられる内容も、もちろん大切なのですが、それだけではだれかの受け売りではないのか、面接のために口にしているだけではないのか、などといったことはわかりません。

人事では、正しい「直感」を効率よく受け取るために、表情や髪型、服装、そして言葉の内容などに加えて、言葉のやり取りにも気を遣うべきなのです。

つまり、面接時にはどのような質問を投げかけるのがいいか、その質問に、応募者がどう答えると予想されるか、それらに加えて、**質問を受けた瞬間のその人の雰囲気を感じ取る**ことが重要です。

質問者（面接官）の中には、質問を投げかけてから、書類に目を落としたまま答えを聞いている方がいますが、これではその人から発信される貴重な情報を、「直感」ですべて受け取ることはできません。とてももったいないことです。

面接を受ける側も、同様のことが言えます。

面接官たちの「雰囲気」から直感的に何かを感じ取り、対応できるかどうかが大切なのです。顔を上げ、相手の言葉の内容だけを理解しようとするのではなく、リラックスして「雰囲気」を感じ取ろうとするのです。

また、自分がその会社で楽しく働いているというイメージを、全身から強く「雰囲気」として出すことによって、面接官に対して言葉以上の強いメッセージ＝自分はこの会社にどうしても入りたいという意思を伝えることができるのです。

7 ここ一番では「直感」の判断が力を発揮する

■直感による判断では後悔することがない

皆さんは、ここ一番という仕事や人生の大切な岐路において、最終的な判断をどのように下してきたでしょうか？　友人や家族、上司などに相談してアドバイスをもらったり、その状況に応じて、情報を集めたり調べたりしてきたことでしょう。

置かれた環境によって思い悩み、判断が遅れたり、結果的に間違った判断をしてしまったこともあるかと思います。そうした場合の判断基準は、何だったでしょうか？

現代人の多くは、一般的なセオリーや常識、または論理的分析の結果を信じて判断する場合が多いようです。しかし、**経営者の多くは、ここぞという大切な判断では、最終的に「直感」で判断しています。**

直感を信じて判断することには、最初はかなり抵抗があると思います。これは、「直感」が大切なモノであると思える、経験の積み重ねがないからです。

しかし、そうした経験を重ねることによって、**「深く考えなくても、正しいやり方や答えがわかってしまう」**という直感を大事にできるようになると、その判断はたいてい正しく、そして何よりもそうした判断では後悔をすることがありません。

たとえば、「世間の常識だから」とか、「分析結果の数字が物語っているから」などの理由で判断して、それがうまくいかなかったときなどには、必ず大きな後悔の念に襲われます。

直感的判断をする経営者たちは、自身の経験の中で何かしら、「直感」が大切なものであるととらえられるだけの経験を積み重ねてきています。だからこそ、ここぞというターニングポイントでの判断では「直感」を信じるのでしょう。

■悩んだら、いったんは自然の流れに身をまかせる

こういった判断や決断が必要なときは、後からそれがターニングポイントだったとわかりますが、実際にそのとき、その場で、悩み迷っているときには、そんなに冷静

になってはいられません。一歩を踏み出すのが怖かったり、状況を変える勇気がなかったりします。

そんなときには、**自然の流れに身をまかせてみることです。**迷いや悩みをとりあえず考えないようにして、ふだんどおりに過ごします。ただし、**自分の身の周りに起きる出来事については、少し気にかけておいてください。**

私も、新しい企画の仕事をはじめるかどうか、論理的判断では答えが出せないときには、1日、2日その思考から離れるようにしています。

たとえば、幼児児童スクールの新部門として、「かきかた書道教室」という企画について検討していたとき、そのメリット・デメリット、現在のマーケット、将来性などを考えても、実行するかどうかを迷っていました。

考えていても答えは出そうになかったので、そのことを考えるのをやめ、「自然の流れに身をまかせ」ました。

久しぶりに高校の友人に会い、昼食をとっていると、その友人が手にしていた雑誌に目がとまりました。「書道」と書いてあったのです。事務所に帰ってパソコンでメールを開くと、そこにも「書道」についての内容が。
まだあります。手にしていたファイルがはずれて、30枚ほどの紙がバラバラになって下に落ちました。その中の1枚だけが表向きになっていて、それが「かきかた書道教室」の企画書の表紙。

普通なら、単なる偶然と無視してしまい、簡単に忘れてしまうような小さな出来事ですが、私には「直感」的に、これが無視できないサインだとわかったのです。

その後、もちろん私はこの企画を実行し、それは今でもやってよかったと思っています。以降の「基礎教育、地域教育に貢献する」という目標につながることにもなったからです。

このときは、そのまま考え続けるよりも、結果的に一番いいタイミングに最善の判断ができたと感じています。**深く考えなくても、正しい答えが自然にわかってしまうという「ひらめき・直感」の特性**です。

直感は、潜在意識から渡される、その人オリジナルの正しい判断なのです。

8 土壇場でこそ救われる！

■心から必要性を感じると「ひらめき・直感」がやって来る

私たちは、追い込まれたときや困難に陥ったときなど、**究極の状況のとき、自分では考えもしない意外な能力を発揮することがあります。**

たとえば、○○の企画書を提出しなければならないのに、よいアイデアがなかなか浮かばず、結局、締切のギリギリになって思いつき、いっきに仕上げて間に合わせた。あるいは、社内の昇進試験があるのに、忙しくて事前に勉強できず、前日に焦って詰め込んだところ、追い込まれていて頭に入ったようで、無事に乗り切ることができたなどというのは、多くの人が経験しているのではないでしょうか。

このことは、私たちに代わりの選択肢がないような、究極の状況がひらめきを生み、私たちがその存在と威力を信じることによって、思わぬ能力＝潜在能力を発揮することができると言っていいでしょう。

「ひらめき・直感」がやってくる状況は、自分自身の思考や潜在意識とつながりやすいときなど、内的なコンディションだけに限られているわけではありません。先の例のように、追い込まれているといった外的な状況にも左右され、それらによって、「ひらめき・直感」が発揮される度合が変わってくるのです。

ひと言で言えば、**「ひらめき・直感」は、自分が心から必要だと感じるときにやってくる**のです。おもしろ半分に「ひらめき・直感」を試してやろうという気持ちのときよりも、本当に自分がそれを必要なときにこそ、自然にそれはやってきます。

ですから、仕事や日常生活で追い込まれた状況では、条件さえ整えば、だれにでも「ひらめき・直感」はやってくるのです。

■「ひらめき・直感」を信じると、安心して仕事に取り組める

私自身の経験でも、仕事で行き詰まり、どうしようもなくなったときに、「ひらめき・直感」によって助けられたことが数多くあります。

ふだんの私個人としての仕事は、比較的時間の融通がきくのですが、忙しいときにはたくさんのいろいろな仕事が重なります。

先日も、期日が決まっている仕事のために、講演の前日まで何を話したらいいのか、まとまっていませんでした。

幼児から小中学生のお子さんを持つ、保護者対象の講演です。テーマは、「将来社会で役に立つ人に育てるには」というものでした。持ち時間は90分で、何を話せばいいのか、迷っていました。講演やセミナー、プレゼンなどの経験がある方ならご理解いただけると思いますが、90分は短いようでけっこう長いものです。

実際、追い込まれた状況ですが、そういうときでも私はあまりあせったりすることはありません。前日に瞑想をはじめ、「簡単トレーニング」にもあるいくつかの行動を取ることで、自然と話すべきことが浮かんでくるからです。

その断片的なメモを机に並べていると、90分の講演内容があっという間にでき上がってしまいました。

また、より「ひらめき・直感」が身についてくると、講演中でもその場の状況や来場者たちの雰囲気から、もともと用意していた話すべき内容プラスアルファのことが、次々と出てきました。**自分が話しているのに、自分ではないような感覚に陥ることがある**のです。

ただ、自分が「必要だ」と思っていることでも、本当はそれほど「必要でない」場合には、「ひらめき・直感」からの情報は多くは渡されません。

自分が顕在意識（意識）で「必要」と考えていることと、潜在意識（無意識）で「必要」と考えていることが一致しない場合もあるということは、受け入れなければならない条件なのです。

それにしても、究極の状況になると、「ひらめき・直感」がやってくるのを信じることができ、迷いや不安がなく仕事にあたれるとしたら、それは大きな安心要因と言えるのではないでしょうか。

簡単トレーニング❽

体を動かす、歩く

私はサーフィンをやります。海でひたすらパドリング（移動するときに、ボードに腹ばいになって、水泳のクロールのように腕を使ってボードをこぐこと）をしているときに、いいアイデアがひらめくことがあります。

アイデアがひらめくタイミングは人によって違うようで、波に乗っているときがいいという人もいれば、私のようにパドリングしているときや、波待ちでプカプカ浮いているときにそうした状態になるという人もいます。

2時間ぐらい海に出ていても、波の上に立っている時間は1分にも満たないのですが、それだけに「自然」＝「海」に、五感すべてで接することができるというところに、大いなる魅力を感じます。

波を待ち、流され、揉まれ、そして乗る。短時間で自然の大きなエネルギーをじかに感じるスポーツなので、こういった時間を積み重ねていると、しだいに五感プラスアルファの感覚が研ぎ澄まされてくるのがわかります。

気負うことなく自然体というのでしょうか。何を考えるわけでもないのですが、ただその空間に在るという感覚です。

うまく言葉では説明できませんが、「瞑想」にも似た感覚です。

また、私の日課のひとつに「朝ウォーキング」があります。朝6時くらいから家の周辺を30分ほど散歩します。

コースはその日によって直感で選んでいるので、いろいろなコースを歩きます。歩きはじめてから5分もすると、スタスタと歩くペースも乗ってきて快調になります。

こんなときにも、ふっと脈絡のないアイデアが浮かびます。

このように歩いたり泳いだり、体を動かしているときは、「ひらめき・直感」と相性がいいようです。

最初は、「歩こう」とか「泳ごう」という「意識」が頭の中にありますが、体を動かす単純作業を継続していると、そのうちその単純作業が「無意識」で継続実行されている状態になります。身体を動かすということを、まったく意識していない状態です。

つまり、ふだんの「意識」１００％の状態から、意識70％……意識50％というように、意識が占める割合がしだいに減っていき、その分、「無意識」＝潜在意識が活性化されていきます。

そのため、潜在意識から何かしらの「ひらめき」が出てきやすい状態になるのです。仕事のアイデアに行き詰まったら、単純作業で体を動かしてみましょう！

簡単トレーニング❾

会議中に別のことを考える

皆さんの会社やチームで行なわれる会議や打ち合わせのとき、参加されている人たちはどんなふうにしているでしょうか?

参加者全員が積極的に意見を交わしていますか? それとも、その会議のトップが演説のように一人で語り、参加者はシーン、ですか?

会議や打ち合わせというのは、参加者全員にその目的や意味合いなどをきちんと理解させるなど、事前の準備が大切です。リーダーの思いつきでただ人を集め、何となく話し合いの体裁をとっても、効果的な会議や打ち合わせができるわけではありません。

ただし例外があって、各人のひらめきやアイデアを自由に求めるような、本文でも紹介したブレーンストーミング(ブレスト)などの場合は、かえって事前の準備をしないほうが、よい結果につながるようです。

事前準備をしてしまうと、既成概念から離れられずに、平凡な発想に留まってしまいます。

そして会議中も、いくら一所懸命考えたとしても、よいアイデアは生まれません。自分で考えに考え抜いたと思っても、アイデアの壁はなかなか越えられないのです。

逆に、よいアイデアほど、会議中ではなく、そこから離れて自宅でお風呂に入っているときや、トイレに入っているときなどに、ポンッと一瞬で脳裏に浮かぶものです。そのことに、理由や理屈はないのです。

そこで、お勧めトレーニングとして、会議中にあえて別のことを考えてみるというのを挙げます。

一般常識に照らし合わせると、少し不謹慎かもしれませんが、会議中にまったく別のことを考えてみるのです。たとえば週末に楽しみにしている旅行、自分の趣味のバイクいじり、来週の空手の大会のことなど……。

もちろん、それらに没頭してしまってはいけませんが、会議中のトピックを突き詰めて考えないで、息抜きのような気持ちで別のことを考えるのです。

思考が、自分のプライベートとビジネスの間を、自由に行き来するイメージです。

最初は、プライベートかビジネスの、どちらかに偏ってしまうことがあるかもしれませんが、そういったときには、ノートに落書きをすることをお勧めします。ノートは自分だけが見るものですから、整然と書く必要はありません。

ノートに、会議で話し合うべきことはもちろんですが、イメージとして自分のプライベートの楽しいことを落書きするのです。

思わぬ「ひらめき・直感」がやってくることに、あなたは驚かされるでしょう。

PART 2 実践編

6章

だれにでもできる「ひらめき・直感」トレーニング集

「ひらめき・直感」の力はトレーニングで伸ばせる

■プラス思考で取り組もう

たとえば私たちが、髪の毛や爪をトレーニングによって伸ばそうとしても、残念ながらそれはできない相談です。しかし、においを嗅ぐ能力は、香水の調香師などのように、トレーニングを積むことによって、たくさんの香りを嗅ぎ分けることができるようになります。

ワインのテイスティングをするソムリエも、膨大なワインの中からそれが何の銘柄かがわかるそうですが、これも持って生まれた能力というだけでなく、トレーニングによって後天的に身につけた部分も大きいようです。

すでにお話ししてきたように、「ひらめき・直感」も同様で、だれもが持ち合わせ

ひらめき・直感を得やすくするための呼吸法

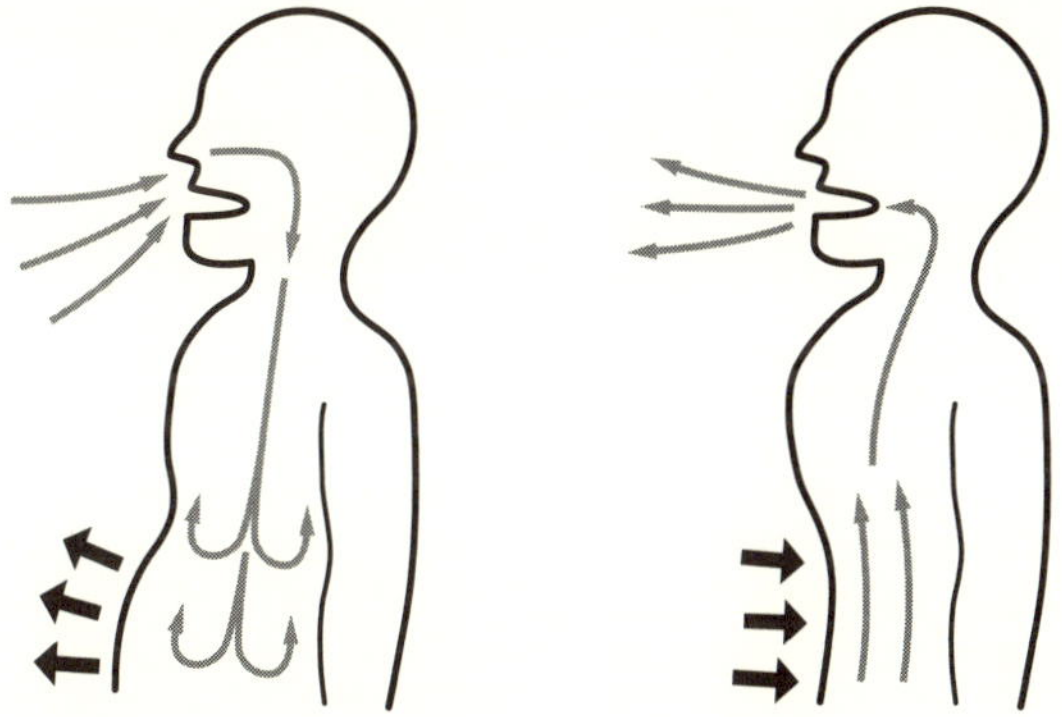

おなかをふくらませる　　おなかをへこませる

ている能力であるだけでなく、トレーニングをすることで、その力を伸ばすことができるのです。

本書では、ここまでにも「簡単トレーニング」として、いくつかの方法をご紹介してきましたが、本章ではさらに効果的な方法を、まとめてご紹介しておきます。

皆さんはぜひ、プラス思考でこれらに取り組んでみてください。

■トレーニング時の呼吸は腹式呼吸で

本書でご紹介しているトレーニング法で、呼吸を意識することはとても大切です。

当然のことですが、私たちは寝ているときも起きているときも、24時間呼吸をしています。そのため、「呼吸は当たり前」のことになっていて、呼吸を強く意識している人は少ないのではないでしょうか？

無意識のうちに日常から、私たちはいろいろな呼吸をしています。

たとえば、独りで家にいて玄関先で何か音がしたとき、無意識のうちに危険なのではないかという思いから、「息を殺して」様子をうかがいます。そして安全だとわかると、大きく息をつきます。寝ているときには、ほとんどの人が腹式呼吸になります。

つまり、私たちは生活の中で、状況や状態によっていろいろな呼吸を使い分けているのです。

私たちは、完全に寝てしまうと潜在意識のほうが強くなりますが、寝起きと寝る寸前は顕在意識と潜在意識の間の壁が薄くなり、意識と無意識の情報が伝達されやすい状態になります。半分起きていて半分寝ている、半覚醒状態です。腹式呼吸は、とくにこの状態をつくりやすくするのです。

イメージトレーニング（イメトレ）や瞑想などを行なう際には、ぜひこの腹式呼吸を意識してください。

簡単トレーニング⑩

イメージを積極的に人に話す

人は、具体的で論理的なことは人に話しやすいのですが、「イメージ」について話すのは、少しむずかしいようです。ぼんやりとしたものは説明しづらいものだからです。

実は、**頭やまぶたの裏に浮かんだイメージには、複数の深い意味が隠されていることが多い**のです。「イメージ」には、とても多くの情報が含まれています。それを、意図的に他人に話すようにすることが、「ひらめき・直感」を育てるトレーニングになります。

ちょっと、別の角度からご説明しましょう。

こだわりの饅頭をつくっている、老舗の和菓子屋の例です。その和菓子屋は、お客さまに自店のことを知っていただきたいと、原材料の小豆や砂糖、そして職人が手間をかけている工程などを知らせるパンフレットを作成して配布しました。ところが、その思惑どおりには、お客さまにその内容が伝わりませんでした。

そこでその和菓子屋では、ホームページや店頭でDVDを流すなどして、製造工程を含めて「映像」でお客さまに紹介することにしました。すると、お客さまのほとんどが**「イメージ」として**、その和菓子屋の伝えたいことを理解してくれたのです。

パンフレットを隅々まで読んでもらうのには3分以上かかり、映像はわずか1分少々というものであるのにもかかわらず、「イメージ」が人に与える影響がいかに大きいか、ということがわかります。

なぜ、「イメージ」のほうが人に与える影響が大きいのかと言うと、そこに含まれる情報（受け手が論理的に理解する情報以外の情報）が相手の五感やそれ以外のものに直接、訴えかけるのと、その情報量がとても多いということがポイントです。

単純に説明すると、パンフレットは写真などを含めてもせいぜい5Mバイト以下の情報量ですが、映像＝動画はたとえ1分少々でも、その3～4倍の情報量があります。

話を最初に戻しますが、「イメージ」には情報量が多いがために、自分でも気づかないいろいろな情報が含まれています。頭やまぶたの裏に浮かんだ「イメージ」をそのままにしておいても、その情報に気づかず、そのうちその「イメージ」も忘れてしまうだけです。

大切なことは、その**「イメージ」を相手がだれでも構わないので「話すこと」**です。すると自分でも不思議ですが、**その「イメージ」からいろいろな情報を拾うことができます。**「ひらめき・直感」の瞬間です。

「イメージ」は宝箱です。そして、「話すこと」がそれを開けるカギなのですから、そのカギを常に使える状態にしておくことが重要です。

簡単トレーニング⑪

仲間と一緒に瞑想する

私の会社では社員に、「ひらめき・直感」の存在やその重要性を日常的に伝えています。たとえば、月に1～2回程度のミーティング時に、社員全員で瞑想をしますが、そのおかげか、思わぬアイデアをひらめかせる社員も多いように思います。

時間は10分程度。はじめるときに、終わるときのアラームをかけておき、全員で目を閉じて腹式呼吸で鼻から息を吸い、口から息をゆっくり吐くことを繰り返し、瞑想をします。

無意識は、何か目に見えないもので人とつながっています。したがって、**仲間と一緒に瞑想をすると、どこかでそれがシンクロし、思わぬひらめきにつながる**ことがあります。

ミーティングのはじめには、ほしいアイデアについて全員で確認しておくといいでしょう。その際、「○○の問題についての解決法」とか「△△に向けての新企画」など、より具体的なもののほうが適しています。目の前にノートを準備しておき、そこに各自で書き込み、自分の無意識＝潜在意識に質問を投げかけておきます。

ただし、瞑想中は、あまりそのことを考えすぎないことが大切です。つい考えすぎてしまうと、肝心の無意識より、逆に意識ばかりがはたらきすぎてしまうからです。

10分のアラームがなったら、自由にお互いで話し合ったり、ノートに書き出します。

簡単トレーニング⑫

意図的にスローダウンする

今の時流を考えたとき、その流れの速さは以前と比べものにならないくらい速くなっているように感じます。たとえば、企業の寿命は１９８０年代には30年と言われていましたが、現在では企業の寿命は10年を切り、５年と言われる方もいらっしゃるようです。

このように、時流は確実に速くなってきている中、私たち個人もそれに呑み込まれて生活していますが、ときには意図的にスローダウンしてみてはいかがでしょう。

仕事でのスローダウンは、なかなかむずかしいかもしれませんが、**休日などを「スローダウン・デー」と決めて、１日を意図的にゆったりとのんびり過ごす**のです。

世間とのスピードの違いにとまどうかもしれませんが、スローダウンすることで、これまで見えなかったものが見えてきます。新幹線の窓から見えなかった民家の庭先や小学校の校庭が、各駅停車の普通電車では見ることができるようにです。

気持ちも行動もせかせかしているときには、よいアイデアは浮かんできません。ひらめくときは、落ち着いてリラックスしているとき、あるいは風呂やトイレに入っているときなどです。スローダウンは、ふだんの生活とは違うリズムだからこそ、それが刺激になり、思わぬ「ひらめき・直感」につながるのです。

私は、真冬の激寒のとき以外は、海に行くことが日常になっています。サーフィンをするときもあればしないときもありますが、海では時間が穏やかに進むような気がします。これも私の意図的なスローダウンなのです。

簡単トレーニング⑬

読書などで同時処理の習慣をつけよう

私は、本を読むのが大好きです。数年前から年間を通して、150冊から180冊くらいの本を読んでいます。ありとあらゆるジャンルの本を一度に数冊ずつ、同時進行で読んでいます。どんな本を読んでいるかというと、もちろん仕事に関連するビジネス書、食べ物に関する本、歴代の名著、小説などです。

本は、その著者の考え方や生き方などが、1冊に凝縮されたものです。それを数時間の読書時間で教えてもらうことができるのですから、本当に素晴らしいものだと思います。

よく、周りの親しい人からは、「そんなにたくさん読んで、ちゃんと頭に入ってるの?」とか、「同時に読んでいて、ごちゃごちゃにならない?」などと言われますが、これが「ひらめき・直感」のためのよいトレーニングになるのです。

本を同時に読むと言っても、目の前に5冊6冊と置いて、同時に読んでいくということではありません。わずかなスキマ時間をたくさん集め、場所によって本を変える、というのが基本です。たとえば、トイレにはAという本、リビングにBとC、寝室にはD、クルマのドアポケットにはE、トランクにF、移動用のカバンの中にGとFなど、いろいろな場所にいろいろな本を置いておきます。

これらの本をその場所に移動したとき、5分、10分というスキマ時間に読むのです。場所にもよりますが、その場所にいて本を読んでいるそれぞれの時間は、それほど多くはありません。したがって、1回で読破できることはありません。

何度もその場所でその本を読むことになり、場所と本がイメージとしてつながりを持ってきます。つまり「トイレに行ったらAという本がある！」。後から思い出すときにも、「そういえばAという本をトイレで読んだなぁ」というようにです。

これは、ひとつには「視野を広げる」ことにつながるし、3章でもお伝えしたように**「捨て目」のトレーニング**になるのです。

分散した情報であるがために、まったく別のことをそれぞれの場所で考えるということが、それぞれのことを際立たせることになります。ですから、潜在意識にも強くその情報を渡していることになるのです。

できる経営者やビジネスパーソンは、一度にいくつもの仕事を並行してこなしています。人事のこと、新商品のアイデア、販売戦略など、同時に処理していかなければならないことがたくさんあります。実際、私も経営者ですから、同時にいくつもの案件を抱えています。そうしたときに、日頃から同時処理を習慣にしておくことが大切なのです。

そのためには、本を同時に読むということだけでなく、コピーを取りながら、原稿を書く、ゴルフの練習をしながら、企画書をまとめるなど、「○○しながら△△をする！」を励行しています。

同時処理は、それぞれの案件が違うために、頭の中で**お互いが際立って強く潜在意識に蓄積され**、なおかつ散らかった情報であるために、潜在意識でそれらが組み合わされて「よいアイデア」になり、「ひらめき・直感」を高めてくれます。

簡単トレーニング⑭

目を閉じて明るいほうを選ぶ

どこでもいつでも、すぐにできる簡単トレーニングです。

「ひらめき・直感」は潜在意識からポンと渡される情報ですが、ふだんは壁に阻まれ、そうは簡単に渡してくれません。

その壁に小さな穴を開けることと、「ひらめき・直感」を日頃から大切なモノと意識するためのトレーニングが、「目を閉じて明るいほうを選ぶ」というトレーニングです。

たとえば、自宅からある場所へクルマで出かけるとき。通る道は当然何通りもあります。2つ目の信号を右に行ってもまっすぐ行っても、目的地に到着する時間は5分と変わりません。そんなときに、信号待ちなどの判断をするタイミングに一瞬目を閉じて、そのときのまぶたの裏が何となく明るいほうを選択してみるのです。

右のほうが明るく感じたら、右折して目的地に向かいます。そのときの選択肢である右に行くか、まっすぐ行くかで、どちらが正しかったのかを後から検証することはむずかしいのですが、自分自身で「これが最もよい判断!」と信じることです。

このトレーニングは、どこでも何にでも、朝起きてから夜家で寝るまで、いつでもどこでも行なうことができます。これは、「ひらめき・直感」を大切なモノと考える習慣づけにもなります。

お昼を食べに行き、日替わりランチにAセットとBセットがある。内容的にはどちらにもこだわりがないので、決めかねている。こんなときにも、「目を閉じて明るいほうを選ぶ」のです。なるべく、イメージが浮かぶもの2つを対象に行なうといいでしょう。

小さなことなので、それによって仕事を左右するような大きな失敗につながることもありません。しかし、このトレーニングによって、**論理的に考えて判断することから、直感的に判断する習慣ができてきます**。また、直感による判断は一瞬のものですから、迷っている時間の短縮にもなります。

こうした小さな直感による判断を繰り返し、1カ月ほどトレーニングしていると、「直感的判断」が普通のことになってきます。

したがって、いざ仕事で論理的に考えても答えが出ない、しかし決断しなければならないとき、「直感的判断」を下せるようになるはずです。

まずは、身の周りの小さなことから毎日、何回もトライしてみることです。

簡単トレーニング⑮

次の駅で降りる人を予想する

「直感」は、その理由を説明できない情報、つまり無意識（潜在意識）で感じ取った情報を判断の基準としています。自分では気がつかないものの、その人の「無意識」では感じている情報です。

その直感力を養うトレーニングとして、「次の駅で降りるのはだれなのか？」を予想するトレーニングをしてみてください。

論理的に説明ができる「席を立ってドアの前に立った」などという人は除外して、じっと周りを見回してください。静かに深く呼吸をし、リラックスして、車内を見てみましょう。**潜在**

意識が、理由を説明できない視覚的情報を感知して、「直感」として教えてくれるはずです。

また、友人と話していて、その様子はいつもと同じなのに、何かを感じ取れるときはないでしょうか？　とくにその話題について話をしていなくても、何となくわかってしまう。

これは、視覚や聴覚などの五感以外で、人が感じることができる能力が発揮されているのです。科学的には、それがどんな能力であるのかはわかっていませんが、そういったものはだれもが感じた経験があると思います。

それを意識的にトレーニングしてみることは、「直感力」アップのトレーニングになります。前述のトレーニングに加えて、駅のホームなどで自分に対して後ろ向きに立っている人に、「こっちを振り向け！　こっちを振り向け！」と、その人がこちらを向いているイメージを念じてみます。目を閉じながらそのイメージを浮かべ、目を開いてその人を見る、を数回繰り返すのです。

その人が振り向いたら、何かしらイメージが届いた証拠です。その人の立場から見ると（理由はないけれど）、何か後ろから「視線」を感じたという状況です。自分自身が「ひらめき・直感」を感じるのとは、ちょうど逆のパターンですが、相手が「ひらめき・直感」派であれば、何か感じるかもしれません。

１００％ではないとしても、このように他人の次の行動が「直感」としてある程度わかるようになると、先読みできるということですから、仕事などでも有利に働くことがあるはずです。

簡単トレーニング⑯

あえて職場で怠けてみる

いつものように、朝からずっと会社で仕事を続けていると、ときには生産性の上がらないことがあると思います。そんなときは、あえて会社で怠けてみてはいかがでしょうか。

私は、会社で過ごしているとき、**昼過ぎまたは夕方に昼寝をする**習慣があります。時間は15分ほどですが、そうすることでその後の生産性が格段にアップします。とくにイスに座ってではなく、横になって昼寝をするのがいいでしょう。

こうした行動が取りにくい会社も多いと思いますが、新しいビジネススタイルを取り入れている会社も多くなってきています。そこはあえて論理的に、「格段に生産性が上がる」という理由を話して、実行してみるのもいいのでしょう。

脳が一番活性化される時間帯は、午前中と言われています。そして昼食前をピークに、昼食後から夜にかけては、しだいに脳の機能は低下していくと言われています。ほとんどの人が昼食後に睡魔に襲われるのは、こうした時間帯による脳機能の問題と、昼食後に満腹になったせいです。

横になって昼寝をすることができない場合は、自分のデスクで顔にタオルなどをかけて昼寝をしたり、または目を閉じているだけでも脳がリセットされてすっきりします。

10分や15分程度の昼寝で、すぐに目を覚ますことができるのかという心配もあると思いますが、習慣化されてしまえば、自然にすっと目が覚めるものです。念のため最初のうちは、携帯などのアラームをセットしておくことをお勧めします。

そして、ここからが大切です。ただ普通の昼寝ではなく、「ひらめき・直感」トレーニングの昼寝にするためのポイントは、先にも紹介した**腹式呼吸をすること**。そして目を閉じたとき、**まぶたの裏に広がる真っ暗な空間を、何となく見つめるという感覚を意識すること**です。

明るいオフィスでは、まぶたを閉じても光を強く感じ過ぎてしまうことがあります。まぶたの裏の空間を意識するためには、できるだけ暗いほうが適しています。ですから、ハンカチやタオルなどを目にかけておくのです。

わずかな時間でも、これも潜在意識との壁を薄くしたり、壁に穴を開けるトレーニングになります。これが習慣化される頃には、まぶたの裏にイメージや絵、文字などのアイデアのもととなる何かが現われるはずです。

簡単トレーニング⑰

休日はふだんと違うことをする

休日の過ごし方のひとつとして、**ふだん行ったことがない所へ行ってみる**ことも、「ひらめき・

直感」のトレーニングをしては大切なことです。

人は、基本的に変化を好まない性質があるため、どうしても「よく行くところ」をつくってしまいがちです。毎日のように顔を出している「常連」の店がある人は、いつもの店でいつものメニュー……になっていませんか。

こういう行動も、人間関係を深めたり、自分の居場所をつくるという意味では悪くないと思いますが、「ひらめき・直感」的には、まったく新しいところに行ってみることをお勧めします。見たこともない場所に行けば、その風景や人、そして全体の雰囲気など、さまざまな情報がふだん経験したことがない「刺激」となって、強く記憶に残ります。

そして、**休日には、仕事とできるだけ違うことをする**ことも大切です。

たとえば、オフィスでデスクワーク中心の人は、できるだけ外に出ることです。海や山など自然と触れ合って、ふだんの仕事とはかけ離れた空間で過ごしてみるのです。

また、体を動かすことが多い職場の人は、読書をしたり、映画を見ることとです。

あえて、「休日にしないこと・したくないことリスト」を書き出してみるのもいいでしょう。実際にそれを書いてみると、おもしろい発見があるはずです。後は、そのリストと反対のことをすればいいのです。

簡単トレーニング⑱

朝イチで自分の中にあるものを書き出す

これは仕事の効率化にもつながるので、すでに実行している方がいらっしゃるかもしれませんが、**「朝一番」に、その日にやるべきこと、目標、そのときの思いなどを紙に書き出す**のです。そこにさらにプラスして、思いついた絵やイメージなど、つまらないと思えるようなことまで書き出します。

自分の中にあるものを、紙に書き出すことでアウトプットするトレーニングです。

仕事のことだけに絞ってしまうと、顕在意識＝意識からのアウトプットだけになってしまうため、そこにとらわれず、自由に思いついたものを書き出していくのです。

最初は、仕事以外のことなど何も書けないという方もいらっしゃいますが、毎日繰り返していると、思わぬものがひらめいて紙に書き出されることがあります。

ポイントは、必ず「朝」書き込むことです。頭が整理されて、「ひらめき・直感」以外にも仕事の直接的な効率化になります。

まさに一挙両得！　お勧めです。

簡単トレーニング⑲

ふだんとは逆の発想をする

たいていの人は、その人ならではの「思考パターン」があります。あの人ならこう考えるとか、自分は結局、いつもこう考えてしまうといったものです。

それはそれでその人の個性なのですが、いつも同じ「思考パターン」にはまってしまうと、「ひらめき・直感」はやってきません。ですから、ここでのトレーニングは、「あえて逆のことを考えてみる」ということです。

たとえば、自分のいつもの思考パターンだと、「消去法」で物事を選択する傾向があるなら、別の「二者択一法」で順に絞り込んで選択してみます。データ資料を読んでからその対策を考えているのであれば、まず何もない状態からイメージで対策を考え、その後にデータ資料と照らし合わせてみます。

「押してもだめなら引いてみな」ではありませんが、**ふだんは使っていない「思考」をしてみてください。**

しかし、私も何人かの方に試してみたのですが、「あえて逆のことを考えてみる」と言っても、「逆のこと自体がすぐには考えつかない」と口をそろえて言われました。

よくよく考えてみると、なるほどと納得がいきます。自分の「思考パターン」は、それだけ強く習慣化されているのでしょう。そこで、このトレーニングを実行しやすくするためには、どうしたらいいのかを考えてみました。

それは、「思考」する状況を変えてみるのです。

人それぞれの「思考パターン」があるのと同様に、人それぞれの「思考する状況」があります。ある方は、何かを考えるときには、必ずオフィスの自分の机の左側に座り、コーヒーを用意してから考えると言います。また別の方は、ソファに深く座り、腕を組んで、目を閉じると言います。

いつも「思考する状況」が同じでは、「あえて逆のことを考えてみる」ことは、かなりむずかしいことのようです。「あえて逆のことを考えてみる」ためには、その状況をまったく別のものに変えてみるのです。

前述の方々もその行動がきっかけになり、異なったアプローチで考えられるようになりました。すると、いつもの状況、いつもの思考ではないために、思わぬ「ひらめき・直感」が生まれたのです。

簡単トレーニング⑳

息を止めてみる

ここでの簡単トレーニングは、「息を止める」です。

毎日生活している中で、息を止める機会はありますか？　普通に生活をしていると「息を止める」ことは、非日常のことでしょう。

風呂で湯船に浸かり、ゆっくりと温まります。そして、鼻から思い切りお腹に息を吸い込み、風呂に潜るのです。息を止め、我慢できなくなったら、少しずつ息を口から吐いていきます。できるだけ、自分の限界まで我慢してください。

その後、目を閉じて息を整えながらゆったりしていると、まぶたの裏に絵やイメージが現われたり、アイデアがひらめいたりします。息ができないという危機的な状況が、無意識を刺激したために、潜在意識＝無意識から顕在意識＝意識に何かが現われた状態なのです。

昔から日本には、「息が合う」「息が通う」「息を呑む」「息を殺す」「息を引き取る」など、数多くの「息」に関する慣用句があります。「息」は「呼吸」ですから、もちろん生きていくうえで大切なものですが、私たち日本人はそれ以上の意味を「息」から感じていたからこそ、多くの「息」に関する慣用句が残されているのかもしれません。

簡単トレーニング㉑

手放すという発想を身につける

大切な「ひらめき・直感」は、古いものを手放すことから得られます。創造的なアイデアを生み出す突破口は、古いものを捨てることからはじまるのです。

アイデアがひらめかないと悩んでいるとき、ふと冷静に自分自身を見つめてみると、意外に自分が従来からある古いものに固執していることがわかります。

また、「あきらめる」と言ってしまうとネガティブな考えのように思えますが、「何とかしてアイデアを出さなくては！」という思いが強いときは、**思い切って「その場」ではあきらめてしまう**のです。

どうしてもその瞬間にアイデアが必要なことは、よくよく考えてみるとそうはありません。今はどうしてもアイデアが出てこないのであれば、とりあえずあきらめて、そのこと自体を頭から追い払ってしまいましょう。

私は、すでにお話ししたように、「マクロビオテック」（78頁参照）という食事法を中心に生活しています。現代の食べ物は添加物なども多く、私たちの身の周りには心身にあまりよくないものも多く存在しています。私は、マクロビオテックはそういった食べ物を「手放す」ものだと考えています。

何でも、目の前にあるものを積極的に取りに行く、今どうしてもやる、という発想一辺倒から、そうしたことにこだわり過ぎずに、「手放す」「あきらめる」という発想も大事にするべきです。

そうした発想が身につくように、古いものにこだわり過ぎず、新しいアイデアを素直に受け入れてそれを活かすことを、ふだんから意識して心がけておくことが、ひとつのトレーニングとなります。

簡単トレーニング㉒

通勤や移動時の「言葉」を意識する

皆さんは通勤電車の中など、行き帰りの空き時間をどのように過ごしているでしょうか？

混み合っていてストレスを感じることから逃れるために、本や雑誌、新聞を読んだり、「ｉＰｏｄ」で音楽を聞いている方も少なくないと思います。

そこで、そうしたマイナスな時間の使い方をプラスに転じる、「ひらめき・直感」トレーニングです。

電車の中には中吊り広告があります。広告の内容は無視してもかまいませんが、そこに載っている**「言葉」を意識して見る**のです。ボーッとリラックスして目を閉じていると、その「言葉」から何かイメージされるものが浮かんできます。それは、何かのシンクロニシティとなる場合が多いようです。忘れないうちに、それらをメモしておくといいでしょう。

また、車内の人たちの会話からも、気になる「言葉」＝「キーワード」を拾いましょう。同じようにその「言葉」を意識していると、そこから何かが浮かんでくるはずです。

仕事に出かける朝は、これからはじまる仕事への臨戦態勢を整えているときでもあるので、人によってはリラックスした状態になるのがむずかしい人もいるでしょう。ですから、とくに帰りの時間帯がお勧めです。

1日の仕事を終え、仕事の内容や情報をリラックスして頭の中で整理する時間。そして、社内の完全にシーンとした空間ではなく、適度にざわついた雑踏感での情報からイメージします。

簡単トレーニング㉓

太陽のエネルギーを受け取る

すべてのエネルギーの源は、太陽エネルギーにあることとは、皆さんにもご理解いただけることと思います。

人間は、太陽エネルギーから直接養分を創り出すことはできませんが、何らかの形でそのエネルギーを得ています。最近は、引きこもりや夜型人間など、太陽にあたらない生活をしている人も増えています。

太陽光を浴びるとセロトニンが、夜寝ている間にはメラトニンという脳内ホルモンがつくられます。このバランスが崩れることが、「うつ病」の原因のひとつとも言われています。

朝、太陽を浴びていると、体中にエネルギーが充填されたような気分になります。クルマも燃料だけではなく、エンジンオイルや冷却水などがないと走りません。私たちには、食べ物だけでなく、こういったエネルギーも必要なのです。

また、太陽エネルギーは「ひらめき・直感」を感じるための潜在意識にも、パワーを与えてくれます。

そこで、太陽を浴びながら、腹式呼吸で鼻からゆっくりと息を吸い、口からゆっくり息を吐くようにします。気功で手のひらを使うように、腕は自然におろし、手のひらを太陽に向けておくと、体中にパワーがみなぎってくるように感じます。

潜在意識は、素の人間としての本能や根本の考え方など、はるか過去から引き継いできたものを記憶しているところでもあります。**太陽のパワーを意識的に受けること**は、私たちの生き方や考え方にもいい影響を与えてくれます。

簡単トレーニング㉔

テクノロジーから逃れる

現代社会はテレビ、インターネット、ブログ、電子メールなど、多種多様なメディアから大量の情報が流れてきます。私も、ふだんはパソコン、スマホ、「iPad」などの情報機器にどっぷりつかって、生活をしています。

たしかに、仕事の効率化を考えると便利になりましたが、必ずしも「ひらめき・直感」に適しているかというと、そうではないようです。意識的にこういったテクノロジーから逃れると、禁断症状が現われる方がいらっしゃるかもしれませんが、私の場合は心身がリセットされたような気分になってスッキリします。

多くのビジネスパーソンたちも、仕事上のアイデアなどを考えるときに、こうした情報をもとに考えることが多いようです。それらの直接的な情報から何かを考えても、そのアイデアは比較的平凡な、平均点のアイデアになりがちです。独創的創造的なアイデアをひらめかせるには、**テレビを見ない！　インターネットも使わない！　という、情報を遮断する日を過ごしてみてください。**

情報を遮断した状態で1日を過ごした後に、目を閉じて瞑想します。

目を閉じて腹式呼吸で息をゆっくりと鼻から吸い、口からゆっくり吐き出します。これを繰り返していると、頭に次々といろいろなことが浮かんできます。それが何であるかは後から考えることにして、とりあえずノートにメモしておいてください。

身の周りの便利なテクノロジーから離れて、アナログな日常を過ごすことで、今まで見えなかったものが見えてくるようになります。

PART 2 実践編

7章

「ひらめき・直感」をより使いこなすために

1 「ひらめき・直感」と切り離せない瞑想とイメージング

■まぶたの裏にイメージを浮かばせるには

「ひらめき・直感」と絶対に切り離すことができないものは何かと聞かれたら、私は迷わず、「瞑想」と「イメージング」と答えます。本書でもここまで、瞑想をすること、そしてまぶたの裏に浮かんでくるイメージ、そして自分の潜在意識がさまざまな情報を与えてくれることをお伝えしてきました。

宗教的なことはよくわかりませんが、ブッダも瞑想から得たイメージ的なものから悟りを開いているように思います。東大寺の大仏などの仏像は半眼です。これは、半分寝ていて半分起きているような、半覚醒の状態で瞑想している姿を現わしているのではないでしょうか。

イメージをまぶたの裏に浮かべることは、最初はなかなかできません。私の周りでも、まぶたの裏が真っ暗で何も見えないという人も多くいます。でも、それもトレーニングによって見えるようになってきます。

最初は、まぶたの裏に何かが見える感覚が必要です。そのために、残像を見ることからはじめると、その感覚がわかるようになります。

たとえば、白い紙の真ん中に赤く塗った丸を描き、それを20秒ほど眺めてから目を閉じると、まぶたの裏に残像が見えます。真っ暗な中に赤の補色である緑色の丸が現われるはずです。

もっと簡単な方法は、太陽です。太陽を一瞬見てからまぶたを閉じると、緑や赤、そしてその周りには紫の残像が見えます。

この、まぶたの裏にイメージが浮かぶ感覚に慣れることから、しだいに他のイメージも見えてくるようになります。

これらの残像は、実際の色の補色で見えます。たとえば、医療の現場で手術着が緑なのは、血液の色が赤であることに対しての補色だからです。

僧侶が半眼でお経をあげているときや座禅・瞑想をしているとき、かつて金色だった大仏は、どのようにまぶたの裏にイメージされていたのでしょうか？

金色の補色は紫です。だから僧侶の袈裟は紫なのでしょうか。仏教が伝わった頃のことなので、その真偽のほどはわかりませんが、私はここにも瞑想とイメージが関連しているように思うのです。

本書の「ひらめき・直感」トレーニングを行なうことによって、潜在意識とのやり取りの回数が増え、また「ひらめき・直感」につながる習慣が身についていきますが、瞑想とイメージングは、それ以上の何かを私たちに教えてくれるカギを握っていると考えています。

今まで気づかずにふだんから見落としてきた、小さいけれど本当に大切なものに気づかせてくれるような気がします。

2 自然との融和は「ひらめき・直感」を開くカギ

■自然は人間の心の奥を刺激する

私の絵画商の経験から言えることですが、本当に素晴らしい「絵」の持つ魅力は、決して見た目が美しいということだけではありません。色鮮かな花が描き並べられた、見る側の人を強く意識した「絵」は、画家が本当に描きたかったものではなく、「こう描いたら、見る人は気に入るだろう」というような作為的な感情が入っています。

これはこれで、芸術としての「絵」ではなく、室内装飾インテリアとしての「絵」としては、よいと思います。しかし、世界中の美術館で数百年、いや千年以上もの間、私たち人間を感動させてきた「絵」には、こうした作為的なものはほとんど含まれていません。

画家の「描きたい」という感情が、「絵」そのものに描き込まれているからこそ、見る側もそれが「直感」的にわかるのです。

絵画商時代には、私なりに真剣に芸術に向き合ってきたつもりです。そのうえで「ひらめき・直感」的に得られた結論は、**人間がつくり出したありとあらゆるもの（「絵」を含めて）と比べても、自然の美しさにかなうものはない**ということです。

だれもが海や山、川などで、その美しさに感動した経験があると思います。そして、自然の中で本当に心からそれを感じた瞬間は、ふだんのあわただしい日常から解放され、私たちの心の奥を刺激してくれます。

海の波音を聞きながら瞑想をしたり、近くの山に登り、風や木々の葉がすれ合う音に耳を澄ませる。海、山、川などの自然は、その場所に実際に行って直接感じることが大切です。

美しい風景に癒されるということもありますが、どちらかというと**美しい風景を見に行くのではなく、自然と「一体化」することがよい**ように思います。

私も海へ行くときはもちろん、目から入ってくる風景に美しさを感じますが、その場所だからこそ、感じ取れるあらゆるものに身を任せています。

ゆったりと腰を降ろし、波音、風、匂いなど、五感はもちろんそれ以外の感覚も含めて、その自然と「一体化」することを意識します。

私は腹心の部下の影響でサーフィンをはじめましたが、**海に行く一連の行動のすべてに、自然との「一体化」を感じる**ことがあります。

まず、海に着いたら、その波、風、音などのすべてを感じます。そして、押し寄せる波とは逆方向にパドリングして沖に出るときには、海水の温度、味、肌にあたる波の強さなど、沖で波待ちをしているときは、波に上下しながらはるか沖からやってくるうねりを感じています。

そして、テイクオフの瞬間は、どう崩れるのかが予想できない波の動きを瞬時に感じて、その波と一体化することで波に乗ることができます。最も気持ちのいい瞬間です。

こうした体験の積み重ねが、私たちの中に眠っている「ひらめき・直感」を覚醒させてくれます。

だれもが持っている「ひらめき・直感」を開くカギ、また人として本来あるべき姿は、自然との融和にあるのではないでしょうか。

3 サーフマインドから心の持ち方を知る

■自分の思いだけでは物事は進んでいかない

何度もご紹介しているように、私の趣味のひとつはサーフィンです。サーフィンでは、「今日はこんなイメージで、こんな波に乗るぞ」といくら考えていても、その日の波や風などの自然の状況によって、自分の思いどおりのライドができるとは限りません。

いくら自分が気合を入れてみても、自然には勝てないのです。

私のサーフィンの師匠である、Hくんから教えてもらったサーフィンに関わる言葉に、「Ｆｌｏｗ　ｆｒｅｅ」というものがあります。

これは、「波に身を任せて漂う」ということ。つまり、相手が自然ゆえに、流れに身を任せることも大切だという意味だと理解しています。言い換えれば、**「あれこれ考える」よりも「心を静かに感じなさい」**ということのように思います。

サーフィンを通して、自然と対峙することをあらためて強く感じるようになりました。海（自然）と一体化することのむずかしさ、そしてその大切さが本当によくわかるようになったと思います。

また、レジェンド・サーファーのジェリー・ロペス（Gerry Lopez）は、「Surf is where you find it.」と言っています。「あなたが見つける場所すべてにサーフィンがある」というような直訳です。

しかしその言葉は、サーフィンや海のことだけを言っているのではありません。自分の置かれた状況などに不満や迷いを感じたり、傲慢になっているときでも、自分の気持ちの持ち方しだいで、それらは自分にとって大切なものになる、あるいは、自分自身がハッピーならば、どんなときでも幸せを見つけられる、そんな意味を感じます。

気持ちの持ち方しだいというのは、「ひらめき・直感」についても、同じようなことが言える気がしてなりません。

おわりに

■自分らしく、心豊かにワクワクして生きる

皆さんの自宅や職場に、神棚はあるでしょうか？

私の自宅、職場には神棚があり、毎日、神棚に向かって、二礼二拍手一礼で手を合わせています。ほんの1分にも満たない時間ですが、そうやって目を閉じ感謝を唱えることは、理由なしによいことのように思います。

そのおかげかどうかわかりませんが、神棚に祭ってある榊（さかき）は、もう2年近く変えていませんが、そのまま枯れずに生きています。もちろん水は頻繁に変えていますが、新しい芽が出て葉になることを繰り返し、ずっと青々としています。

日本人ならではの慣習だと思いますが、日本人はもともと「ひらめき・直感」を日常生活において活かしてきた民族だと感じています。

初詣でや節分、節句、各集落の祭礼、そして武道などの精神鍛錬といったもの。論理的で理屈的な思考でないものが、日常生活に自然と溶け込んできています。それぞ

れの理屈はわからなくても、日本人として何となくそれらがよいもの・正しいもののように感じてきたからこそ、永年受け継がれてきたのではないでしょうか。

このような日本人としての感じ方や考え方は、直接「ひらめき・直感」に結びつくわけではないのかもしれませんが、私は私の「直感」で、よいことであり素晴らしいことだというのがわかるのです。


最後に、本書を出版させていただくきっかけとなったいきさつをお伝えしておきたいと思います。

2011年4月末、私の尊敬する最愛の父が、すい臓癌で亡くなりました。2月の初めまで海外でダイビングを楽しみ、帰国してすぐの検査ですでにステージ4ということがわかり、それからわずか3ヵ月後のことでした。

それまでにも私は、仕事や日常生活において、人よりもかなり強く「直感」型の生活をしてきましたが、それを第三者に広く伝えたいという思いはありませんでした。

しかし、闘病中の父との断片的な会話。加えて、亡くなった後の6月末に直感的に「イメージ」が与えられ、私の「ひらめき・直感」に対する思いや感じ方を多くの人に身につけていただくことが、これからの時代に必要とされているのではないかと思えるようになったのです。

今思えば、それが父からの啓示だったような気がします。


東日本大震災によって、日本は大きな悲しみに包まれ、それ以来、多くの困難に立ち向かってきました。そして、だれもが日本人として、他の国とは違う日本人ならではの強さや優しさ、つながりを直感的に感じたのではないでしょうか。

私は、「ひらめき・直感」を日常に活かして、本当に毎日楽しく仕事をさせていただいています。

しかし、この「ひらめき・直感」は、決して仕事だけに活かされるべきものではありません。日本人として、自分自身が自分らしく明るい未来を創造していくために、必要な能力であるような気がしてならないのです。

私が携わっている教育に対しても、同様の思いがあります。人は、精神的に成長するために、生まれてきたと言えるのではないでしょうか。成長するためには、学ぶことが必要です。だれでも一所勉強。子どもからお年寄りまで、人は死ぬまで勉強だと思っています。

とくに、子どもたちへの教育は大切です。公教育ではできない自立に導く教育を、より多くの子どもたちに提供できるよう、「ひらめき・直感」を活かして考えていきたいと思います。

ご縁あって、本書を手に取っていただいた皆さん。これは、何かのシンクロニシティです。皆さんが「ひらめき・直感」を仕事や生活に活かし、自分らしく、心豊かにワクワクして楽しく過ごされることを心から願っています。

最後に、執筆にあたっていろいろと励まして応援してくれた家族、本業を支えて助けてくれた社員の萩原と金子、学習塾の元気な講師たち、各スクールの温かい先生たち、私にいろいろなことを気づかせてくれた生徒たち、そして保護者の皆様、私の周りの皆さん！　本当に感謝しています。

ありがとうございました。

【著者略歴】
森田泰斗（もりた　たいと）
株式会社 森田グループ（教育業）代表取締役塾長。大卒後、システムエンジニアとして米国系コンピュータ総合商社に入社。銀行オンライン端末システムを開発。独立後は、塾経営の他、米国人女性画家Edna Hibelとの運命的な出会いから画商に転身。「心に残る絵画」をテーマに、全国でさまざまな企画展を開催。学習塾経営では、アナログ型人材育成システム「アイキャンパス」を開発。個別指導 学習塾「森田塾」経営（2教室 2012年8月現在）、各種幼児児童スクール経営（50教室展開中 2012年8月現在）、さらに、シニア／主婦に特化したパソコンスクール経営（3教室展開中 2012年8月現在）。どの世代の「学びたい」にも対応できる「生涯教育」がテーマ。
ひらめき・直感仕事術、アナログ型人材育成、自立教育、美術関連などの講演多数。
＜連絡先＞
株式会社森田グループ
〒441-8152　愛知県豊橋市三本木町新東上2-7
Tel 0532-48-2766　Fax 0532-39-3410
ホームページ http://www.morita-juku.com/
E メール taito@morita-juku.com
facebook page http://www.facebook.com/MoritaGroup
facebook Taito Morita

仕事の質を劇的に変える
「ひらめき」と「直感力」を鍛える本

平成24年9月18日　初版発行

著　　者 ―――― 森田泰斗
発 行 者 ―――― 中島治久
発行・発売 ―――― 同文舘出版株式会社
東京都千代田区神田神保町1-41 〒101-0051
営業 03（3294）1801　編集 03（3294）1802
振替 001000-8-42935　http://www.dobunkan.co.jp/

印刷／製本：萩原印刷
ISBN978-4-495-59931-7
Printed in Japan 2012